Best Time

白 马 时 光

大唐的鲤鱼

东方小北——著

天津出版传媒集团
百花文艺出版社

图书在版编目（CIP）数据

大唐的鲤鱼 / 东方小北著 . -- 天津 : 百花文艺出版社 , 2024.8
ISBN 978-7-5306-8632-4

Ⅰ . ①大… Ⅱ . ①东… Ⅲ . ①中国历史—唐代—通俗读物 Ⅳ . ① K242.09

中国国家版本馆 CIP 数据核字（2023）第 180277 号

大唐的鲤鱼

DATANG DE LIYU

东方小北　著

出 版 人： 薛印胜
责任编辑： 宋春悦　　　**封面设计：** 果　丹
特约策划： 王俊艳　刘丽娟　洪紫玉
特约编辑： 洪紫玉
出版发行： 百花文艺出版社
地址： 天津市和平区西康路 35 号　**邮编：** 300051
电话传真： +86-22-23332651（发行部）
+86-22-23332656（总编室）
+86-22-23332478（邮购部）
主页： http://www.baihuawenyi.com
印刷： 天津融正印刷有限公司
开本： 880 毫米 ×1230 毫米　1/32
字数： 200 千字
印张： 10
版次： 2024 年 8 月第 1 版
印次： 2024 年 8 月第 1 次印刷
定价： 59.80 元

如有印装质量问题，请与天津融正印刷有限公司联系调换
地址：天津市武清区森淼道东 A2 门
电话：022-29353509
邮编：301707

目录

文化

社会

民生

时尚

饮食

序言

你想到大唐去“吃瓜（看热闹）”吗？

你知道大唐人民的小日子有多滋润吗？

所有你好奇的内容，都将在这本书里呈现。

我是东方小北，一个现代社会里的小咖，也是穿越时间的文史大V。

专注挖掘历史，为各个朝代搭建网络桥梁，玩儿花活儿、写故事、聊八卦。

在这本书里，我要向大家隆重介绍一个流光溢彩、盛产话题的大唐王朝。

帝王家搞事业的同时，也生产了不少绯闻八卦；文艺圈群星璀璨，好诗好文写了一大把；时尚圈里，精致美妆、潮流穿搭，样样出彩；文人雅士吟诗作对、吃西餐、看戏法、泡酒吧；老百姓逛大街、吃美食、聊八卦……

那么，如果大唐当时通网了，你能想象热搜会有多么劲爆吗？

网传温庭筠科举做“枪手” 为八人作弊

白居易与两名年轻女子出入宅邸

怒砸天价胡琴 营销小天才陈子昂蹿红

高阳公主与辩机和尚私情被曝光

知名才女鱼玄机涉嫌杀人埋尸 被刑拘

大型综艺真人秀 唐代可真香

…………

毋庸置疑，热帖天天爆，话题永不停。“吃瓜”网友、“键盘侠”、自媒体营销号日日狂欢。这本书，正是一本让你一读就停不下来的大唐热搜集。

也许在人们一贯的印象中，被封锁在时间深处的历史是严肃的、宏大的。但在这本书里，我会以一种现代人更容易接受和理解的视角，去讲述历史。

相信这种形式可以最大限度地激活历史，让它活泼起来，融进我们的血脉里，并传承下去。

现在，我正式邀请你翻开这本书，化身为大唐网友，开启这场穿越历史的全网狂欢。看唐代“吃瓜”网友、自媒体、营销号如何在大唐“带节奏”[①]，满足你对大唐所有的好奇心。与此同时，透过大唐的热门事件，看文化、经济、社会民生、娱乐、风俗……沉浸式体验大唐盛世生活。

大唐飞鲤鱼

文化

大唐的鲤鱼

李白与杜甫东鲁深夜街头聚会

阅读 7548.3 万　讨论 2.4 万　详情 >

大唐密探
主持人

导语：据悉，文坛“大神”[2]李白与杜甫在东鲁街头结伴同行。潇洒浪漫的李白遇见忧国忧民的杜甫，会碰撞出怎样的火花？

八卦果果
11 小时前 来自 唐博 tangbo.com

太激动了！“大神”李白与杜甫同游，他们会有合作吗？好想去东鲁跟“大神”偶遇，如果能要到他们的签名，那就太棒了。

李白与杜甫东鲁深夜街头聚会

231　1614　4520

吃瓜专业户

3 小时前 来自 唐博 tangbo.com

我是李白的粉丝。杜甫的诗我有幸读过几首，诗的确不错，“大神”级别。不过论名气，杜甫现在只是普通小诗人，不像李白已经是知名人物了。但抛开名气来说，这一次相遇，两位诗人一定能碰撞出新的火花，又可以蹲一波李白的新作了！

李白与杜甫东鲁深夜街头聚会

125　184　362

机智的糖瓜

30 分钟前 来自 唐博 tangbo.com

据知情人爆料，李白和杜甫去年在洛阳就已经见过，东鲁相遇算是重逢了。听说杜甫是李白的资深粉丝，还给李白写诗相赠。不过，到目前为止李白还没有回复。下面附上诗句为证：

赠李白

杜甫

二年客东都，所历厌机巧。

野人对腥膻，蔬食常不饱。

岂无青粳饭，使我颜色好。

苦乏大药资，山林迹如扫。

李侯金闺彦，脱身事幽讨。

亦有梁宋游，方期拾瑶草。

#李白与杜甫东鲁深夜街头聚会#

12　109　1369

南宋　赵葵《杜甫诗意图》

起底"大神"的世纪相遇，原来二人早已在洛阳相识

有目击者称，李白与杜甫东鲁深夜聚会。消息一出，就引发了一波热烈的讨论。

有人说，我要去跟李白"大神"偶遇；有人说，请离李白的私生活远一点儿；也有人问，杜甫是谁？

是的，当时的杜甫还寂寂无名，而李白的名望正盛，并得到了官方认证，吸粉无数。

从当时来看，不过是李白遇见了个会写诗的小粉丝。直到若干年后，他们的相遇才被称为世纪相逢。这是因为，杜甫后来升级了。

再说回二人的相逢。其实早在天宝三载（744 年），他们就已经在洛阳相识。

大唐是诗的天堂，在时代的淬炼下，每一位诗人都闪着不同的星辉。杜甫是一颗深沉的、忧郁的星，他也是追星的人。他的追星箭头直指大诗人李白。

天宝三载，杜甫在洛阳遇见了超级偶像李白。

彼时，杜甫科举失败，报国之梦又碎了一地，简直丧到了骨头里。为了宣泄心中的苦闷，他来了一场说走就走的旅行。洛阳是他的第一站。

洛阳有着悠久的文化底蕴，处处都散发着悠然的古韵。他打算在这里做短暂的停留，体验洛阳的古韵，然后再出发。

世事总是坎坷无常，同样被命运弯折的，还有来自长安的“大神”李白。彼时，他刚刚结束鲜衣怒马的风光日子，被唐玄宗赐金放还。曾经的万丈豪情，变成了无限落寞。于是，他放逐自我，也来到了洛阳，便有了这场世纪相遇。

李白与杜甫差了十几岁，也差了一整个时代。彼时的李白，早已在盛唐的恢宏气象里挥毫泼墨，名震天下。他的诗文，也已经成为脍炙人口、令人痴迷的名篇，俘获粉丝无数，而杜甫正是其中一位。

这个时候，杜甫还没被“封神”，他在诗坛上顶多算是个练习生。

年轻的杜甫身上闪烁着才华的光，可在那个群星璀璨的时代，也就显得不那么夺目了。

那时，张九龄吟诵出了“海上生明月，天涯共此时”；王维挥笔写下了“明月松间照，清泉石上流”。

而李白更是句句经典，每一首都是神作，是大唐诗坛的天花板，绝对的“顶流”③。

后来人看“李杜”是并肩而行，都是诗家之大成者。而在当年，杜甫看见李白，那是满眼星光，满是崇拜。

在杜甫眼中，李白有着和他的诗歌相同的气质。“人生得意须尽欢，莫使金樽空对月，天生我材必有用，千金散尽还复来。”他潇洒帅气，才华横溢，连失意时，都有着几分不羁。

因为有着共同的爱好，再加上些曲曲折折的人生经历，两个人成了忘年交。

都说偶像要和粉丝保持距离，不然容易崩“人设”④。李白在和杜甫同游了一段时间后，他觉得时间到了，该各走各的了。况且，他这个“旅游达人”⑤不可能只在一个地方停留。

有生之年，能与“大神”相遇，这在杜甫心中产生了不小的撞击。他总想做点儿什么，以表达自己激动的心情。在当时，他还不懂“应援”⑥。

但好在，他会写诗。

于是，杜甫笔墨游走，就有了这些诗篇。“白也诗无敌，飘然思不群。清新庾开府，俊逸鲍参军。”“昔年有狂客，号尔谪仙人。笔落惊风雨，诗成泣鬼神。”

每一句都是高段位的彩虹屁，直接把偶像吹上了天。不像我们这些普通选手，只会说：“哥哥真帅，哥哥真棒……”

目前现存的杜甫诗词中，专门寄赠或怀李白的就有十余首。

对于当时的李白来讲，这次相遇不过是旅途中的一段美好际遇，而对杜甫来说，那是他人生中浓墨重彩的一笔。

李白离开洛阳后去了梁宋（今河南开封、商丘）一带，杜甫随后也到达此地，多少有点儿制造偶遇的意思了。这一次的相会，还有一个重要人物参加，他的名字叫高适，就是那个吟诵出“莫愁前路无知己，天下谁人不识君”的边塞诗人。

俗话说得好，“一回生，二回熟”。这一次重逢，杜甫和李白已然熟络许多，再加上个高适，几个人聊得也更起兴了。饮酒赋诗，自在谈笑。

不久，李白继续他的旅程，抵达了东鲁（原指春秋鲁国，后指鲁地，今山东省）。和偶像在一起，总觉得时光太短，相处不够。杜甫追随而至，想要趁热打铁，让这份友谊更深一步。于是，有了李、杜的第三次相逢。

杜甫在《与李十二白同寻范十隐居》中写道：“醉眠秋共被，携手日同行。”可见情谊深浓。李白也有诗回寄杜甫，表达思念之情，他在《沙丘城下寄杜甫》中写道：“思君若汶水，浩荡寄南征。”

最后，中国诗歌史上的两位“顶流”在齐鲁大地分别后，各自奔赴自己的人生，再未相逢。而他们并不知道，他们的相遇，在后世激起了千层浪花，让众多粉丝忍不住摇旗呐喊，不曾停息。

李白多次发文表白孟浩然　均未被回复

阅读 6538 万　讨论 9022　详情 >

大唐密探
主持人

导语：原来“大神”也追星，诗仙李白贵为“金句制造机”，出口就是名篇，稳稳的诗坛“顶流”，而这个“神”一样的男人也是个追星“达人”。李白曾多次发文表白孟浩然，均未被回复。

八卦果果
5 小时前 来自 唐博 tangbo.com

我是李白的忠实粉丝，“大神”的偶像就是我的偶像。我单方面宣布，孟浩然就是我的“男神”！“松月生夜凉，风泉满清听”，“男神”的这句诗我好喜欢。

李白多次发文表白孟浩然　均未被回复

325　668　889

吃瓜专业户

1 小时前 来自 唐博 tangbo.com

仕途不顺又怎样，孟浩然照样在田园诗里闯出了一片天地，每日诗、酒、花，放逐山水间，这样的日子简直不要太潇洒。况且他还收获了李白这样的“顶流”粉丝，简直是人生赢家。

请问，我现在学写诗还来得及吗？想和偶像做朋友。

李白多次发文表白孟浩然　均未被回复

112　　350　　568

机智的糖瓜

10 分钟前 来自 唐博 tangbo.com

“吾爱孟夫子，风流天下闻。”爱要大声说出来，李白追星就是这么直接。孟浩然也是个风流潇洒的人啊！可是，他为什么不回复李白大大，是不是在塑造高冷“人设”？

李白多次发文表白孟浩然　均未被回复

69　　73　　105

能够俘获诗坛“顶流”做粉丝的孟浩然究竟有多牛

在唐代，粉丝的门槛可是非常高的，没点儿文化素养，都不好意思说出自己偶像的名字。

首先，请大家欣赏一首粉丝为偶像献上的诗。

吾爱孟夫子，风流天下闻。
红颜弃轩冕，白首卧松云。
醉月频中圣，迷花不事君。
高山安可仰，徒此揖清芬。

这首诗叫《赠孟浩然》，它的作者正是诗坛“顶流”李白。能获得李白如此直接的表白，那肯定不是平凡之辈。

怀才不遇，仕途坎坷，在大唐并不是什么新鲜事。可连一官半职也没混到的，也的确不多见。比如，我们本期的男主角孟浩然。

仕途对孟浩然而言就像个魔咒，吸引着他不断去追逐，又害得他不断地失落。

孟浩然生于一个家境优渥的书香世家，年少时读书、学剑，日子过得安逸、潇洒。

成年后，他一边旅游长见识，一边找工作，因为他渴望在仕途上有所建树，所以他在二十五岁到三十五岁一直都处于这种游历状态。

在唐代，诗歌可是最有分量的“社交货币”。他以诗会友，结交了不少朋友，也正是在此时期俘获了粉丝李白和王维。交朋友的同时，他也在干谒公卿名流，以求晋身之机。

例如，那首我们都熟悉的诗歌《望洞庭湖赠张丞相》：

八月湖水平，涵虚混太清。
气蒸云梦泽，波撼岳阳城。
欲济无舟楫，端居耻圣明。
坐观垂钓者，徒有羡鱼情。

诗句很带感，气象宏大、烟波浩渺的洞庭湖欲渡无舟，孟浩然借此隐晦地表达自己的临渊羡鱼之情。说白了，就是希望我们

南宋　牧溪《洞庭秋月图》

的大丞相张九龄能够伸出援手，为他引荐。但这首诗写得不卑不亢，十分得体。

精明的张九龄自然能领会其中深意，也欣赏孟浩然的才华，但最终并没有举荐他。这又是为什么呢?

从根本上来讲，还是要回归到孟浩然身上。

唐开元十五年（727 年），孟浩然第一次赶赴长安参加科举考试。可惜，应进士举不第，落榜了。但东边不亮西边亮，他在长安城里声名鹊起，颇受关注。

孟浩然曾在太学赋诗，用绝对的才华征服一众“大神”。其中就有大诗人王维，他忍不住为孟浩然疯狂“应援”，跟孟浩然做朋友，套近乎，切磋诗歌。

有一次，王维私邀孟浩然入翰林院谈诗词、谈人生、谈理想，可好巧不巧，唐玄宗来了。

孟浩然一激动，直接钻到了床底下，在心底默默祈求皇上赶紧走。但王维是个实诚人，干脆直接摊牌，向皇帝告知实情。

孟浩然就在这种尴尬情境下见了天子。

其实唐玄宗早前就听闻过孟浩然的才名，如今正巧碰见了，也就想要试炼一下。如果这孟浩然真的如传闻中所说的那么才华出众，那就直接给他安排工作好了。

按照常理，后面的剧情大概会是，怀才不遇的才子孟浩然，机缘巧合之下得见天子，靠才华逆袭，赢得皇帝的青睐，直接被安排到重要岗位，从此走上人生巅峰。

其实最开始也的确是这样的，孟浩然吟咏着他的诗篇，每一句都浸透着才情。或许当时的唐玄宗一边听着他的诗，一边盘算着给他安排个什么职位。

可谁知孟浩然冷不丁地来了一句“不才明主弃”。

话一出口，他就明显地感觉到气氛不对，但为时已晚。

这句话像一根钉子一样，直插唐玄宗的小心脏。

你不努力找工作，怪我咯？

“卿不求仕，而朕未尝弃卿，奈何诬我！”最后，唐玄宗留下了这句话和他愤怒的背影。

马上到嘴的鸭子，就这么飞了。孟浩然的仕途直接被断送了。

京城的圈子就那么大，张九龄知道此事后也只能遗憾地叹息，毕竟孟浩然得罪的是唐王朝的大老板，根本没有回旋的余地。因此，他只能把对《望洞庭湖赠张丞相》那首诗的欣赏留在心中。

孟浩然是个优秀的诗人，这一点毋庸置疑。但这么不会唠嗑的人，在朝堂上做事，对他来说不一定是好事。可能张九龄也有这样一层考虑，所以推举之事不了了之。

孟浩然灰溜溜地离开了京城，旅游、写诗、思考人生，寻找生命的意义。

不过在几年后，他的仕途迎来了一次转机。孟浩然有大才，善交朋友，人缘也好，了解他的人都挺乐意帮他一把。襄州刺史韩朝宗很欣赏他，表示愿意带孟浩然入京，并向朝廷引荐。于是跟他约饭，准备好好为他谋划前程。

孟浩然起初是很兴奋的，又有点儿小激动。但冷静之后，他

清　王翚《孟浩然诗意图》（局部）

又犹豫了。

孟浩然已经不再是意气风发的毛头小子，而是一个被世事锤炼过无数次的成年人。他的顾虑越来越多，遥想当年他干谒丞相张九龄都没能获得引荐的机会，如今刺史韩朝宗的引荐又有多少胜算，还是不要给人添麻烦了。他心生怯意，爽约了。

被放了鸽子的韩朝宗大怒，孟浩然也算是彻底把自己的仕途之路堵死了。

从这个角度来看，孟浩然实在是惨——运气不好，不会办事，情商不高。可换个角度来看，也正是这样的境遇成就了孟浩然。

一方面，他这种个性的确不适合官场；另一方面，仕途的倾轧反复地打磨着他的灵魂，迸射出了诗歌的火花，照亮了《春晓》里的风雨和落花，照亮了“把酒话桑麻”的温柔岁月，惹得“大神”李白都忍不住为他疯狂点赞。

那么，李白迷孟浩然，迷的是什么？

当然不仅仅是他的诗歌，更是因为他的个性。孟浩然一生虽然仕途并不如意，却活出了自我。他可以随时开启一场说走就走的旅行，他于四海之内广交朋友，他可以在乡野享受清幽岁月……只要他想，他的生活随时可以切换成自己想要的任何模样。

活着，遵从本心地活着，以自己最舒服的方式活着，这便是“大神”的境界，也是李白一直追求的境界。

所以，李白义无反顾地成为孟浩然的粉丝，不吝笔墨地为偶像“应援”。于是，他写下了那首《赠孟浩然》。

孟浩然仕途失意，曾辗转于洛阳、江浙、蜀地、荆州各地畅游，而他去过这么多地方，却唯有扬州之行，留下了一个璀璨印记。因为有一个人，为他在历史的长卷上写下了“孟浩然到此一游”。

这个人便是李白，这首诗叫《黄鹤楼送孟浩然之广陵》。

故人西辞黄鹤楼，烟花三月下扬州。
孤帆远影碧空尽，唯见长江天际流。

元　夏永《黄鹤楼图》

用最深情的诗句，定格偶像离去的身影，让最难忘的时刻千古流传，为偶像在历史上做了一次最有影响力的宣传。

可见，李白不光在诗界数一数二，在粉圈也是绝对的追星“达人”。

除了这两首诗，李白还为孟浩然写过《春日归山寄孟浩然》《淮南对雪赠孟浩然（一作淮海对雪赠傅霭）》《游溧阳北湖亭望瓦屋山怀古赠同旅（一作赠孟浩然）》，就像杜甫追捧他一样，李白也不停地为孟浩然献诗，表达崇敬和欣赏。

李白好歹给杜甫这个小粉丝回复了两首诗。

而孟浩然对李白却始终没有做出任何回复。

孟浩然对这个桀骜却又对自己非常恭敬的后生一定是欣赏的，相遇过，就足够了。

世俗的来往他不是不懂，只是不愿。所以，且把诗酒留给岁月。

太过亲密，反倒刻意了。

对于他这样一个饱经岁月磨炼、上了年纪的人，不言，反倒成了一种珍重。

前宰相张九龄发布新诗

阅读 7798.5 万　讨论 1.7 万　详情 >

大唐密探
主持人

导语：开元二十四年（736 年），宰相张九龄遭政敌李林甫诽谤排挤，被贬荆州。曾在朝堂上叱咤风云的一朝宰相，遭受如此际遇，悲伤落寞时写下了《望月怀远》，这位前宰相一出手就是“王炸”[7]，引无数读者追捧。

八卦果果
7 小时前 来自 唐博 tangbo.com

“大神”果然不同凡响，在朝堂上搞事业，一路升级打怪做到宰相。再看看他写的这首新诗《望月怀远》，爱了爱了，每一句都落在了我的心上。

海上生明月，天涯共此时。
情人怨遥夜，竟夕起相思。

灭烛怜光满，披衣觉露滋。

不堪盈手赠，还寝梦佳期。

\# 前宰相张九龄发布新诗 #

236　361　485

吃瓜专业户

3 小时前 来自 唐博 tangbo.com

据说“大神”九岁知属文，十三岁就能写出好文章。想想我九岁的时候，还在田里捉泥鳅，惭愧啊！怪不得人家能当宰相、能写诗，真是降维打击！

\# 前宰相张九龄发布新诗 #

114　18　185

机智的糖瓜

10 分钟前 来自 唐博 tangbo.com

“大神”就是太有才华，才会遭人嫉妒。这是大唐的不幸，但也正因如此，才成就了这首《望月怀远》，让我大唐的诗篇中又多了璀璨的一笔。“海上生明月，天涯共此时”，这一轮明月，照耀古今，想必也是照彻了千万愁肠吧。

\# 前宰相张九龄发布新诗 #

98　117　3691

“大神”出手即是“王炸”
带着光的男人张九龄

大唐是诗的天堂，群星璀璨，创作出太多耀眼的诗篇。所以，想要在这片诗的红海里搞出点儿名堂，太不容易。而张九龄这位前任宰相，凭着一首《望月怀远》，便吸粉无数，直接封神，可谓把跨界玩到了极致。

张九龄为什么这么牛？答案很简单，自带主角光环的男人就是这么让人上头。

才华横溢、风度翩翩、刚正不阿、光明磊落……面对这样一个男人，你会忍不住用所有美好的词汇去描述他。

他的的确确就是这么优秀，不容置疑。

张九龄能成为一位优秀的宰相，有一部分原因可能是基因里带的。因为他是个官后代，他的曾祖父张君政曾任韶州别驾，祖父张子虞曾出任窦州录事参军，父亲张弘愈曾任新州索卢县丞。出生在这样的家庭，张九龄也耳濡目染地积累了不少优秀的政治素养。

他不仅出身好，人又很聪明。别人家的孩子还在玩泥巴，张九龄就已经开始吟诗作对，成了远近闻名的小神童。更是得到了当时广州刺史王方庆的盛赞，“此子必能致远”。

简而言之，这娃我看好，以后必定有出息。

张九龄的确很给刺史大人长脸。武则天长安二年（702 年），他参加当年的进士考试，一举登进士第。

这个消息不仅让他的家人喜上眉梢，更让他的家乡沸腾了。原因很简单，“盖自三代至于唐，人才之生，盛在江北。开元天宝以前，南士未有以科第显者”，什么意思呢？张九龄的家乡岭南当时在别人眼中是个“蛮荒之地”，文化不兴盛，为天下文人所轻，而张九龄改变了这种局面，为他的家乡带来了新气象。此后，张九龄一路开挂，成了一个闪闪发光的有为青年。

张九龄能在政坛上崭露头角，离不开另一个男人——张说。

对，就是那个开元名相，曾参加制科考试，“策论”为天下第一的男人。

那么，一个才华横溢的小伙子，是如何与一代名相产生交集的呢？

大概就是因为缘分吧！

这个缘分，叫贬谪！

其实换个角度来想，贬谪这件倒霉的事，在当时发生了不少微妙的化学反应，成就了不少伟大的相遇和壮丽的诗篇。

政治上的浮浮沉沉，都是司空见惯的事。当时张说得罪了武则天的宠臣张昌宗，被流放到岭南。

在张说路过韶州的时候，张九龄带着自己的文章去拜会。博学多才的张说，在这个才华横溢的小伙子身上看到了自己当年的影子。张说不仅对他的文章大加赞许，更是给了他许多人生道路上的指引，将他的思想引向了一个更加辽阔的世界。

此后，张九龄开始步入仕途，但一直比较坎坷。开元九年

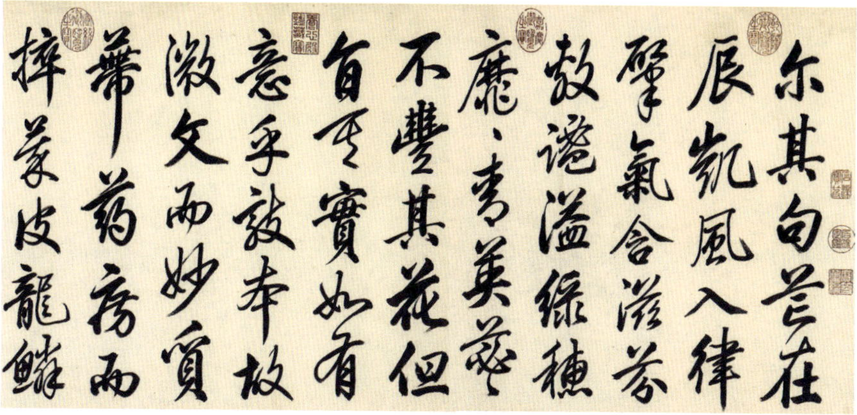

清　汪由敦《节书张九龄荔枝赋》卷

（721年），张说担任同中书门下平章事（宰相），一手将张九龄提拔上来。

张九龄为人刚正，并不会因为张说的提拔而无条件地附和，而且他很有远见，会适时地给张说一些提醒，让张说谨慎行事。

仕途之路，如刀锋起舞，很难一路顺遂。张九龄在曲曲折折中前行，始终保持上升的趋势。

开元二十一年（733年）十二月，张九龄走上了仕途的巅峰，授中书侍郎同中书门下平章事（宰相）兼修国史，主理朝政。这意味着他有更大的舞台施展抱负，但越是靠近权力中心，也就意味着越危险。

很快，他成了李林甫的眼中钉，被其屡进谗言。开元二十四年（736年），在朝堂上叱咤风云的张九龄罢相，被贬为荆州长史。

大半生的沉浮，让他思如泉涌，复杂的情绪撞击着他的胸怀。当他抬头望见天上那一轮明月时，那些千丝万缕的思绪，在

张九龄

月光的甬道里倾泻而出，他不由得吟唱着“海上生明月，天涯共此时”。

这个叫张九龄的男人，褪去权力的光环，在月光的笼罩下，闪着神的光辉，深沉、冷静、浪漫、绵长……

网传温庭筠科举做“枪手” 为八人作弊

阅读 2839.8 万 讨论 1.6 万 详情 >

大唐密探
主持人

导语：温庭筠本名岐，又名温八叉，字飞卿，为唐初宰相温彦博之后裔，才学出众，尤其擅长作诗，被称为“花间鼻祖”。近日有人称温飞卿自曝做过科考“枪手”，引发热议。

八卦果果
4 小时前 来自 唐博 tangbo.com

我才不信！我们温飞卿是大艺术家，怎么可能会做这种事！希望“黑粉”[8]自重，不要“带节奏”，搞人身攻击。

网传温庭筠科举做“枪手” 为八人作弊

257 1196 883

吃瓜专业户

40 分钟前 来自 唐博 tangbo.com

温庭筠的诗虽然不错，但是据说他参加了很多次科举，始终都没考上。这样的成绩怎么能帮别人作弊呢，不太科学吧?

网传温庭筠科举做“枪手” 为八人作弊

136 442 548

机智的糖瓜

20 分钟前 来自 唐博 tangbo.com

温庭筠是我非常喜欢的一位诗人，虽然我也不太愿意相信他帮别人科考作弊，但据说这事是他亲口承认的，并且事前主考官对他早有防备，搞了很多防范措施，可还是没拦住他。说起来，他是怎么帮别人作弊的，还真没有人知道。

网传温庭筠科举做“枪手” 为八人作弊

442 876 2569

花间鼻祖温庭筠“人设”崩塌，传闻称其做“枪手”帮助个别考生作弊

提到温庭筠，大多数人先想到他响当当的名号“花间鼻祖”，以及他的诗词“玲珑骰子安红豆，入骨相思知不知”“过尽千帆皆不是，斜晖脉脉水悠悠”……

字里行间，充盈着可以掐出水的旖旎柔情，让人忍不住“转、赞、评”⑨，嘴里咂吧出一句：有才，真牛！

也有一些人会忍不住评论他的长相，因为他丑得让人难以直视，更难以忽视。

王夫之曾在《唐诗评选》中这样评价温庭筠：“温、李并称，自今古皮相语。飞卿一钟馗傅粉耳，义山风骨，千不得一。”温庭筠也因此被称为“钟馗傅粉”。

有人称这是形容他华丽的辞藻无法掩盖其粗犷的本质。可是再深入研究，《旧唐书》说他“不修边幅”，《新唐书》说他“无检幅”。总的来说，他的确形象不佳，并给人们留下了深刻的印象。

温庭筠

“丑男”“才子”“辞藻华丽”，这几个标签碰撞在一起，成就了一种“虽然我很丑，但我很温柔”的反差，让他在群

星璀璨的舞台，拥有了一种独特的魅力。

然而，有一件事情，让他的“人设”遭到质疑。

才高八斗的诗人，应该是桀骜的、潇洒的，并且带着些愤世嫉俗的。尤其是能吟诵出《望江南》这样温柔的词句的人，一定是心思敏感、卓然出尘的。但温庭筠不走寻常路，做起了“枪手”。

说起“枪手”，就离不开考试，考试是任何一个时代的读书人都逃不开的命运。想要出人头地，想要走上人生巅峰，考试是读书人可选择的最佳途径。

所以，在宏图愿景的吸引下，才华横溢的温庭筠走上了这座独木桥，这是他唯一的出路。

出生于没落贵族家庭的温庭筠，肩负着光复家族的使命。他的祖辈，是唐初的宰相温彦博，曾经风光无限。而到了他这一辈，一切都变了。所以，他希望凭借着自己的能力，把丢失的东西赢回来。

温庭筠的才华毋庸置疑。可他总是考运不佳，用四个字足以概括——屡试不第。这个词语像个魔咒一样，缠绕在他人生的很长一段时间里。

跌倒、爬起；再跌倒，再爬起……在这个过程中，温庭筠积累了很多失落的情绪，也积累了很多考试的经验。于是，他摇身一变，成了一名“枪手”，帮人答题。

科举是国家选拔人才的重要途径，它直接勾连的是名和利，自然免不了有人动歪心思。有不少人肚子里没多少墨水，又想考出好成绩，就想方设法地打小抄，并夹带在砚台、鞋袜等物中。

为了防止这种情况发生，唐代科举考试，在考生入场时都要严格搜查，避免考生打小抄。考生之间还要用一些遮挡物进行隔离，防止交头接耳，防止传阅试卷。

但例外还是发生了。

《唐才子传·温庭筠传》中曾记载："大中末，山北沈侍郎主文，特召庭筠试于帘下，恐其潜救。是日不乐，逼暮先请出，仍献启千余言。询之，已占授八人矣。"

这段文字的意思是说，在某次科考中，主考官们知道温庭筠有可能接下了"枪手"的订单，会帮人打小抄。所以，主考官沈侍郎特地给他设置了个考生席位，与其他考生保持距离，方便监督。当日，一切如常，看似没有发生任何意外情况。温庭筠因为身体不适，提前交卷离场。考官们悬着的心也提前放松下来。但是，在场外，温庭筠神秘地勾起嘴角告诉别人"已占授八人矣"，也就是他已帮助了八名考生作弊。而他究竟用了什么方法作弊，则成了谜团，堪称当时的"天才枪手"！

有考试的地方，就少不了作弊。考生们的作弊手段随着时代的发展不断创新升级，变得更加隐蔽，后来随着印刷术的发展，还出现了缩印。后世的考生把《易经》《书经》《诗经》《礼经》《春秋》五经缩印到火柴盒大小，还连带注释和序言。除了打小抄，还有人找替考。当然，考官们防作弊的措施也在同步升级，变得更加严格。

杜绝抄袭，才是对真正努力的人最大的公平，才能让考场成为一个真正公平的战场。

白居易与两名年轻女子出入宅邸

阅读 9898.8 万　讨论 3894　详情 >

大唐密探
主持人

导语：白居易，唐代诗人，字乐天，号香山居士、醉吟先生。曾以《长恨歌》《琵琶行》等名作风靡诗圈，成为天王级偶像。但其晚年被曝私生活混乱，经常携年轻女子出入宅邸，面临“塌房”[10]危机。

八卦果果
9 小时前 来自 唐博 tangbo.com

想当初我还为白居易的《卖炭翁》大哭一场，“可怜身上衣正单，心忧炭贱愿天寒”。这诗句写得多扎心，可一转眼他当上了官，就忘了百姓的苦，住豪宅、养家妓，自顾自地过上了滋润的小日子。

白居易与两名年轻女子出入宅邸

886　1367　3459

吃瓜专业户

2 小时前 来自 唐博 tangbo.com

养美姬怎么了，又没触犯唐律！年轻的姑娘谁不爱，樊素和小蛮这么美，我只想为白居易“大神”的审美点赞。而且白居易对他的姬妾真的很用心，对她们特别好。听说他还给樊素写过诗，“柠檬精”们羡慕去吧！

白居易与两名年轻女子出入宅邸

128 659 721

机智的糖瓜

32 分钟前 来自 唐博 tangbo.com

我觉得这事要理性看待，养家妓在大唐本身就是合法的。白居易是诗人，又不是神，人家合法合规地过自己的私生活，怎么就不可以呢？他创作了很多优秀的作品，我们不应该因此而要求他成为我们想象中的样子，真不知道那些爆他料的人是何居心！

白居易与两名年轻女子出入宅邸

137 267 336

白居易“塌房”事件，
其生活作风被质疑

白居易在唐诗圈里是实打实的“顶流”人物，因为他有响当当的代表作。

他在《长恨歌》里写下了“在天愿作比翼鸟，在地愿为连理枝”的唯美爱情；他在《卖炭翁》中写下了“可怜身上衣正单，心忧炭贱愿天寒”的悲悯；他在《琵琶行》里写下了“同是天涯沦落人，相逢何必曾相识”的共情。

读他的作品的同时，读者也会通过作品勾勒作者的形象。能写出这样诗句的白居易，想必是一位风流倜傥、悲天悯人、心系百姓的正直官员和诗人。

但是，真正的白居易，远远不是你所想象的样子。

就比如说有人看到白居易带着两名年轻女子出入宅邸，就认为他太风流，直呼“塌房”。事实上，这只是白居易的基本操作。

白居易入仕之前，走的是勤奋刻苦的路子。他生于安史之乱后，大唐彼时已经远不如从前那么繁盛，好在白居易家境还行，父亲做官，虽为官清廉，但家里基本温饱都能满足。

白居易天资好、家教好，他读书很刻苦，十几岁的时候才华就已经开始显现。后来，他考中了进士，当了个九品官员，在京城留了下来。但他的仕途之路，走得很坎坷。元和二年（807

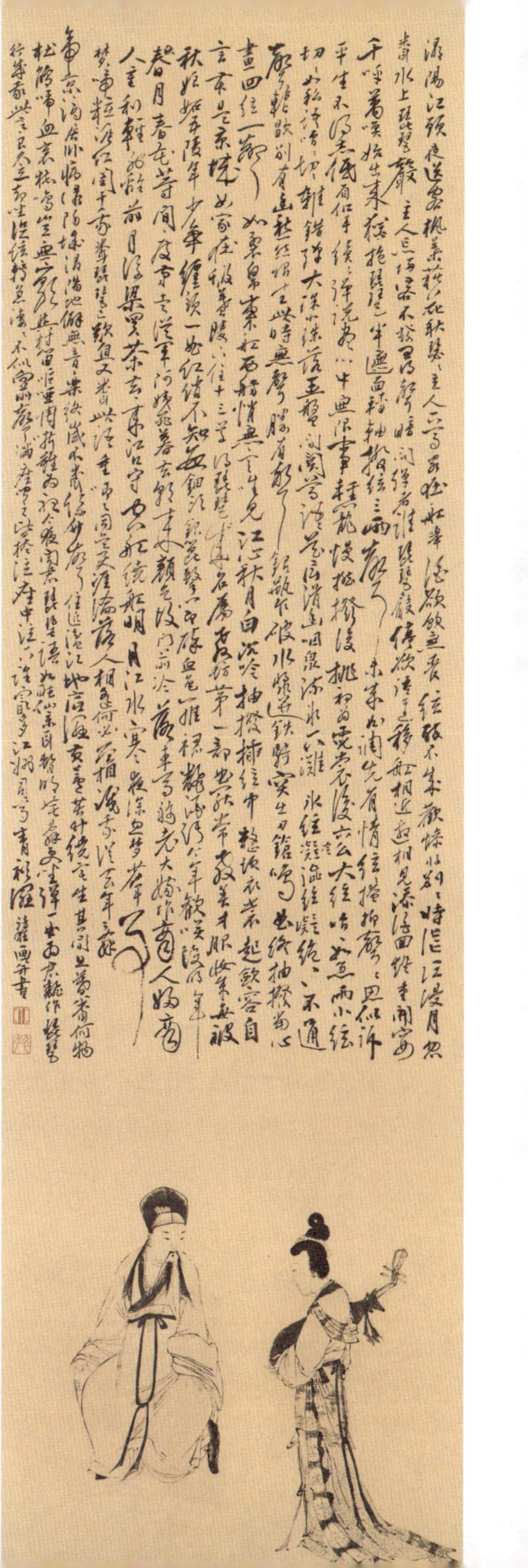

明　郭诩《琵琶行图》轴

年），任进士考官、集贤校理，授翰林学士。元和三年（808 年）任左拾遗。后来又被贬为江州（今江西九江）司马……一路沉沉浮浮，待过不少岗位，走过不少地方。其中最值得一提的是苏杭。

来到杭州的时候，白居易已经年过五十，官场上的尔虞我诈让他倦了、累了。他也渐渐想开了，好好地享受人生，不好吗?

他的享受可不仅仅是饮酒赋诗望明月，他还要听小曲儿、住豪宅、养家妓。

曾经，他在《琵琶行》里对身世凄苦的女子投以悲悯和同情，如今一转身，就开始养家妓，欣赏着他的“樱桃樊素口，杨柳小蛮腰”。

唐代社会风气开放，允许官员养家妓，但是数量有限制。在唐中宗和唐玄宗时期都根据官员品阶对官员养家妓的数量制定了相应的规则。

白居易妥妥地服从国家规定，召集美女，在家开派对。《小庭亦有月》中就曾记载:“菱角执笙簧，谷儿抹琵琶，红绡信手舞，紫绡随意歌”，写的就是四名家妓共舞的场景。

在《与牛家妓乐雨夜合宴》中他就记录了两家在秋天夜里，开大派对歌舞升平的场景。

白居易选择家妓的标准从未变过，一直都是以年轻、高颜值的女性为主。如果老了、丑了，那就换一批新的。而这些，都是他在诗里自曝的。

他在《追欢偶作》中写道:“十载春啼变莺舌,三嫌老丑换蛾眉。”差不多三年换一次。所以,他的家妓质量始终保持极高水准。

对白居易养家妓这件事,很多粉丝难以接受,觉得他作风有问题,觉得自己“房子塌了”。

其实这件事,我们大可以用开明的眼光去看待。

首先,诗人终究是人,除了创作好诗,还要过好自己的生活。所以,他没有必要按照粉丝设想的标签去生活,完全不必迎合不属于自己的所谓的“人设”。因为他并不是靠“人设”圈粉的,而是靠作品立足。

其次,养家妓没有违背当时的社会政策,不算失德。

这也并不会影响他的诗歌的魅力,纵使千年后,人们在吟咏着他的诗歌时,仍会忍不住慨叹:“大神”,真牛!

柳宗元和刘禹锡的神仙友谊真感人

阅读 4898.8 万　讨论 3894　详情 >

大唐密探
主持人

导语：元和十四年（819 年），伟大的文学家柳宗元在柳州因病离世，享年四十七岁。临终前，他将自己的孩子托付给了挚友刘禹锡，人们在无比沉痛地怀念柳宗元之时，也被他和刘禹锡的友谊感动。

八卦果果
1 小时前 来自 唐博 tangbo.com

柳宗元去世了，他的人生太苦了，这么有才华的人却一直在遭受贬谪之苦。他才四十七岁，真的太遗憾了，他也一定对这个世界有诸多不舍吧。幸好，有刘禹锡在。人生得一知己，足矣！

柳宗元和刘禹锡的神仙友谊真感人

360　1379　2687

吃瓜专业户

44 分钟前 来自 唐博 tangbo.com

柳宗元和刘禹锡可以说是难兄难弟了，两个人的命运出奇地一致：一起参加科考，一起筹措改革，又一起遭受贬谪。或许，他们曲折的命运，就是为了成全这一段伟大的友谊吧！

柳宗元和刘禹锡的神仙友谊真感人

284　920　1950

机智的糖瓜

6 分钟前 来自 唐博 tangbo.com

二十年来万事同，今朝歧路忽西东。
皇恩若许归田去，晚岁当为邻舍翁。

《重别梦得》是当年柳宗元写给刘禹锡的。当初他们同时被贬，回想着彼此的人生轨迹如此相同，于是二人相约退休以后，一起做邻居养老，做两个快乐的小老头。只可惜，柳宗元还没来得及赴约，他们就阴阳两隔。刘禹锡一定特别难过吧！

柳宗元和刘禹锡的神仙友谊真感人

259　547　3691

究竟是怎样的友谊，让柳宗元临终托孤

元和十四年，伟大的文学家柳宗元在柳州因病离世，享年四十七岁。

他孤独地走了，他的亲人哀恸难平，他的朋友刘禹锡更是哭成了泪人。

而此时，他的孩子都还未成年。

所以，在弥留之际，柳宗元写下遗书，将孩子和自己的全部遗稿托付给刘禹锡。

那时，刘禹锡还沉浸在丧母的悲痛中，又惊闻挚友柳宗元去世的噩耗，不禁“如得狂病”，赶忙去为好友料理后事。在那时，他写下了《重至衡阳伤柳仪曹》一诗以寄托哀思，后又两次写《祭柳员外文》以悼念追思。

料理完好友的后事之后，刘禹锡整理好友的遗稿编纂成集，在一篇篇文字里，回忆着他们一生的波涛岁月。

他们为什么惺惺相惜，结下这一生友谊?

我想大概是因为他们的命运太像了，都是那么的惨。

还记得那时岁月飞扬，两个才子摩拳擦掌，等待着大展宏图。

十九岁的刘禹锡怀揣理想，先后到洛阳、长安游学，他的才华也在文坛上崭露头角。彼时，十八岁的柳宗元因为文采出众，

被选为乡贡，获得了进士考试的资格。这个时候，他们并未相识，但是对彼此都有耳闻，算是为后来的相识埋下了伏笔。

后来，两人同榜登科，那时刘禹锡二十一岁，柳宗元二十岁。在当时，能在这样的年纪登科及第，年少有为啊。正因如此，两个年轻人的人生产生了交集。

刘禹锡开朗而洒脱，柳宗元敏锐而安静。一动一静的两个人相处起来却格外投契。他们有着聊不完的话题，总能碰撞出数不清的观点。

如果一切按照正常的脉络发展，他们还会一起考进博学宏词科、吏部取仕科。

可是人生无常，柳宗元的父亲突然离世，他回家守丧三年，之后才考取了博学宏词科、吏部取仕科两科。

守丧期满，柳宗元被安排到秘书省任校书郎，而刘禹锡已经外放为官，做了淮南节度使杜佑的幕府掌书记。

贞元十六年（800 年），刘禹锡回京复命。几番辗转，柳宗元和刘禹锡被安排到了同一个单位，任监察御史。这样的巧合，除了缘分，没有更好的注解了。

当时他们还结识了另外一位好朋友——韩愈。于是，三个投契的有缘人，度过了一段恣意洒脱的时光。谈诗词歌赋，谈人生理想，当然，也谈一些眼前的现实。

他们同在纪检部门工作，对朝中的腐败深恶痛绝，随着对这个话题越聊越深，年轻气盛的小伙子特别热忱地想为这个国家做点儿什么，为国家的兴旺发展添一把火。于是，他们萌生出革新的想法，并且联合了一位在朝中有话语权的高层人物王叔文，一起策划了“永贞革新”。

这次变革也成了刘禹锡和柳宗元的重要人生拐点。

刘、柳二人革新的初衷是为了还朝廷一片清朗天空，但王叔文这个老政客却有着自己的政治目的。

这次变革维持了一百多天就宣告失败，核心人物王叔文在“永贞内禅”的宫斗中先被贬谪，后被赐死。

刘禹锡和柳宗元则走上了漫长的贬谪之路。

刘禹锡被贬为朗州司马，柳宗元被贬为永州司马。他们在同一天遭到贬谪，并且同样被贬为司马，只不过是在两地，步子迈得齐刷刷。

虽然不在一起上班，但两个人的友谊却不曾中断，他们互寄诗文，共同面对人生的苦涩。

被贬期间，他们创作了大量的作品，文章写得精彩。两个人对彼此的文章都极为推崇。

谁出新作了，就马上给最好的伙伴发一份。

收到小伙伴新作的一方，马上“转、赞、评”，给身边的文友疯狂推荐。

就这么一篇又一篇的文章往来，转眼就是十年。

刘禹锡是个乐天派，随遇而安，日子过得倒也自在。被贬谪自有苦楚，但他也同时拥有了山水和自由，就像他那首《秋词》里说的：

清　黄应谌《陋室铭图》

自古逢秋悲寂寥，我言秋日胜春朝。
晴空一鹤排云上，便引诗情到碧霄。

他能在愁滋味里看到另一片辽阔的风光。

相比之下，柳宗元性格内向，被贬谪的苦闷让他的精神内耗越来越重，也倍感孤独。所以，他的《江雪》里，是另一种风光和心境：

千山鸟飞绝，万径人踪灭。
孤舟蓑笠翁，独钓寒江雪。

诗句里渗透着来自生命深处的寒意，更有意味的是，如果将这首诗看作藏头诗，就是一句“千万孤独”。

这份孤独积累了十年后，终于迎来了一丝光明。

元和十年（815 年），朝中一些大臣觉得刘禹锡、柳宗元都是难得的人才，十年的惩罚，已经足以让他们得到教训。所以，二人被调回京城，准备重新安排工作。

十年后，刘禹锡、柳宗元重聚长安，摩拳擦掌，迎接崭新的未来。各方好友前来庆贺，万分激动。

刘禹锡更是在某次郊游之后兴奋地作了一首《元和十年自朗州至京戏赠看花诸君子》：

紫陌红尘拂面来，无人不道看花回。
玄都观里桃千树，尽是刘郎去后栽。

看似描写风光之美，明眼人都能看出诗中另有深意。要不是我刘禹锡被贬，现在还有朝中这些人什么事。文豪就是文豪，连讽刺起他人来都这么有文化。

可是，这对难兄难弟屁股还没坐热，就又被贬了，因为他们当年的政敌武元衡成了宰相。于是，宰相大笔一挥，柳宗元、刘禹锡的命运又来了一个急转弯。两人又一次被贬，一个去播州（今贵州），一个去柳州。

柳宗元顾不上自己心中的郁闷，先是为老朋友担心起来。播州偏远荒凉，刘禹锡带着八十岁的老母亲着实难以经受这颠簸之苦，便想着替好友远赴播州。

柳宗元很讲情义，皇帝很来气，你个被贬之人还敢挑三拣四。好在有一些老友为刘禹锡求情，最后刘禹锡被贬连州（今广东省连州市）。

人生总是这样，起起落落。那就索性随它去吧，享受当下就好。他们的南下之路，有部分重合，所以他们一路上旅旅游，写写诗，让贬谪之路有了几分惬意。

柳宗元在柳州安心为政，写文章、作诗，但午夜梦回、寂静无人时，心中总有挥不去的苦闷。最后，柳宗元在任不到五年就病逝了。

好友刘禹锡也不负嘱托，不仅将他的孩子抚养成人，还将他的遗作整理成《柳河东集》三十卷。

心性乐观的刘禹锡一直活到了七十一岁，并且终于熬回了京城，做了京官，晚年和白居易为邻。

每当他饮下杯中老酒，迷离的双眸仿佛又看到了那个“二十年来万事同”的朋友。

元稹情史被扒　对待感情很“渣”[11]

阅读 6378.8 万　讨论 8324　详情 >

大唐密探

主持人

导语：大诗人元稹一直负有才名，更是用一系列的名句把爱情之美写到淋漓尽致。但是有人深扒其情史，才发现其爱过不少姑娘，其深情“人设”面临“塌房”危机。

八卦果果

10 小时前 来自 唐博 tangbo.com

我又“塌房”了，当年元稹的名句“曾经沧海难为水，除却巫山不是云”把爱情写得淋漓尽致，我抄了一遍又一遍。万万没想到，他的情史这么丰富，爱过这么多的女人，而且还特别“渣”。

元稹情史被扒　对待感情很“渣”#

259　3674　9872

吃瓜专业户
2 小时前 来自 唐博 tangbo.com

元稹的情诗没的说，写得足够深情，但是他这个人对待感情的态度实在令人不敢恭维。《莺莺传》不就是写他自己的故事嘛，为了攀附权贵，抛弃了旧情人，妥妥的“渣男”[12]。

元稹情史被扒　对待感情很“渣”#

86　117　358

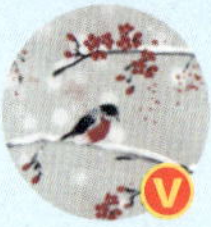

机智的糖瓜
47 分钟前 来自 唐博 tangbo.com

一直很喜欢元稹的诗，有的深情浪漫，有的现实扎心，就比如说“诚知此恨人人有，贫贱夫妻百事哀”。想必正因如此，他的感情观才如此现实吧！

元稹情史被扒　对待感情很“渣”#

136　726　1495

元稹情史大起底：爱过很多人，每一次都很认真

元稹大笔一挥，不知赚了多少人的眼泪。

情诗写得缠绵，话本子写得催泪。

“曾经沧海难为水，除却巫山不是云”，能写出这样的诗句的人，必定是个有故事的人。

元稹的故事，一壶酒可说不完。

元稹生于唐代宗大历十四年（779 年），字微之，在家里排行第九，也称元九。元稹有着不错的家庭背景，是北魏宗室鲜卑族拓跋部后裔。北魏孝文帝迁都洛阳后，家族便世代居住在洛阳，隋朝时正式将“元”作为姓氏传承下来。

元稹十五岁就参加了明经科考试并获取了功名，及第后，就早早走上了仕途，初仕于河中府。青春年少，意气风发。

在此期间，遇驻军骚乱，彼时远房亲戚一家人遇险。元稹一腔豪气，出手相助，护了姨母一家周全。而姨母家有一个才貌双全的表妹，元稹情不自禁地陷进去了。

少男少女，内心躁动，小火苗噌噌上涌，于月下偷偷相会，用他的话来说就是，“待月西厢下，近风户半开。拂墙花影动，疑是玉人来”。

那时候的爱，真甜，让元稹多年以后都念念不忘。于是，他把这段故事写成了《莺莺传》。《莺莺传》讲的就是贫寒书生张生

对没落贵族女子崔莺莺始乱终弃的悲剧故事。

他在《莺莺传》开篇里这样写道："唐贞元中，有张生者，性温茂，美风容。"张生游于蒲时，在驻军骚乱抢掠中保护了寡母弱女的崔姓表亲，由此识得表妹崔莺莺，崔莺莺美艳动人，让张生顿生爱慕。后来，在莺莺的丫鬟红娘的帮助下，张生与莺莺私会西厢下。自此之后，莺莺"朝隐而出，暮隐而入"，与张生私会。

这个开篇和元稹的经历高度吻合，可见张生就是元稹，《莺莺传》讲的就是元稹的初恋故事。

后来，为了仕途的发展，元稹和表妹的这段感情无疾而终。

明　仇英《西厢记图页》

元稹真的爱过表妹，也真的动心了。

但作为读者，还是会忍不住说一句：呸！“渣男”。

不过，元稹也算坦荡，敢自己爆料。虽然在小说中对张生的形象有所美化，但也足以见得，这段感情在他心中的分量。

结束了初恋后，元稹一心求仕，二十三岁做了校书郎，之后娶了高官韦夏卿之女韦丛。

彼时元稹正值青春，又才华横溢，很容易就博得了韦小姐的芳心。老丈人韦夏卿也很欣赏这个年轻人，觉得他大有前途。

两个年轻人顺理成章地成了亲，在婚后也度过了一段非常甜蜜的时光。

元稹命好，韦丛虽然是个官家大小姐，却十分有教养，也很贤惠，从未嫌弃过元稹家贫，在元稹孤独无助的时候，一直鼓励他，照顾他。

唐宪宗元和四年（809 年），元稹终于迎来了自己事业的上升期，可苦日子刚熬出头，妻子韦丛便因病去世，年仅二十七岁。

也许在这段婚姻的最初，元稹带着几分政治意图，但这些年，他和妻子的感情也是真真切切的。

他功利，但也深情。在反反复复的痛苦和思念中，他写了三首悼亡诗，这就是最负盛名的《三遣悲怀》（《遣悲怀三首》）。

“诚知此恨人人有，贫贱夫妻百事哀”，这寥寥数语，却写得扎心。

韦丛离世，带走了元稹的幸福，也似乎带走了他所有的好运。不久后元稹被贬江陵，屋漏偏逢连夜雨，仕途情场两失意。

老朋友李景俭心疼元稹，将表妹安仙嫔许配给元稹做了妾室，让元稹的生活又有了温暖。有时元稹还是忍不住会怀念自己的亡妻，还有自己的初恋，但当他将目光回归眼前时，他是知足的。

元稹在深情的滋养下，渐渐走出了阴霾，吃吃喝喝，访友交游，过着自在潇洒的日子。他给安氏的爱，更多的是精神上的，擅长给安氏点赞，擅长给安氏写诗，却不擅长体贴。他从没想着帮安氏分担家务，安氏生病时也疏于照顾。

安稳的日子过了不到三年，安仙嫔操劳过度，因病离世了。元稹在《葬安氏志》中记下了这位与其相伴三年的苦命女子。

对平日里的陪伴和幸福渐渐习以为常，失去之后才表现得情深似海，这或许就是人性的劣根。拥有的不去珍惜，而未能拥有的却念念不忘，这也是人性的劣根。

让元稹难以忘怀的，还有一位老情人——薛涛。

在大唐的文字江湖中，薛涛的名号一直响当当的。她虽是乐籍出身，但是因为才情出众，备受追捧。

大唐才子群星璀璨，而像薛涛这样稀缺的才女，自然是众星捧月，元稹也是众多倾慕者中的一员。

在韦丛去世那年，也是元稹娶安仙嫔的那一年，元稹某次到四川出差，结识了薛涛，并开始了一场姐弟恋。

在熊熊的爱情之火面前，年龄差异、世俗眼光等都被烧成了灰烬。

他们的爱，如流星，如朝露，来时绚烂，但转眼就散了。

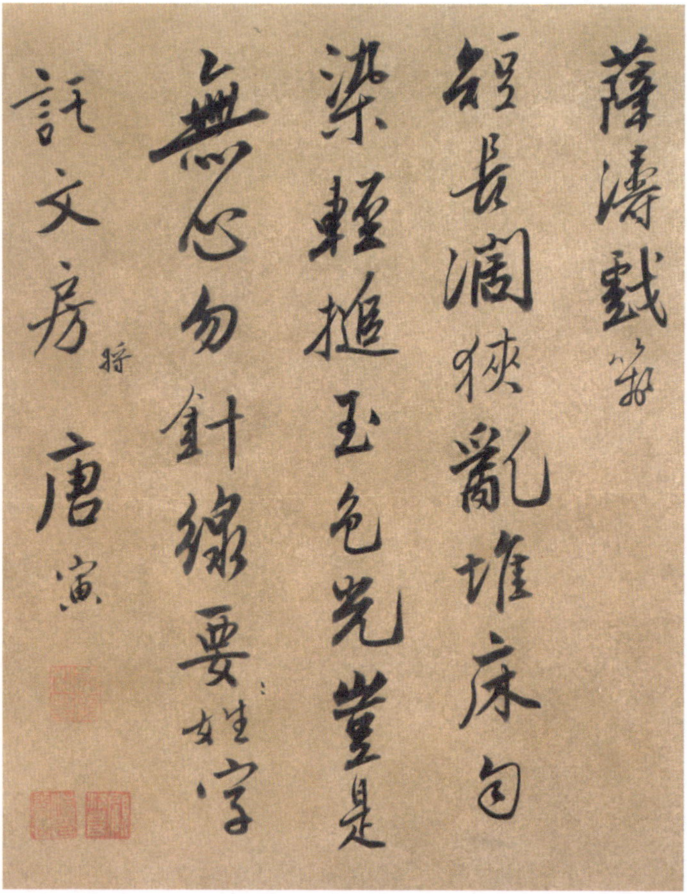

明　唐寅《薛涛戏笺》

得不到的和已失去的，都被元稹放在心头，每每想起那些年爱过的女子，都别有一番滋味。

为了纪念这段无疾而终的爱情，元稹拿出了纸笔，赋诗一首。

寄赠薛涛

锦江滑腻蛾眉秀，幻出文君与薛涛。
言语巧偷鹦鹉舌，文章分得凤凰毛。
纷纷辞客多停笔，个个公卿欲梦刀。
别后相思隔烟水，菖蒲花发五云高。

大意是，虽然我们的缘分尽了，见不到了，但我会永远想念你的才情、你的好。

分手还能撩一把，风流才子的“人设”，被他精准“拿捏”[13]。

至此，元稹的情路还没走完。

元稹官运不佳，但是桃花运一直不错。后来，在贬谪期间，他又娶了涪州（今重庆涪陵）刺史裴郧的女儿裴淑。和当初娶韦丛一样，这段婚姻之初，多少还是有点儿政治意味的。但即便是政治婚姻，元稹都极其好命地遇到了好老婆。

从以往来看，做元稹的妻子，都少不了吃苦，裴氏也不例外。元稹刚到通州就身患疟疾，裴淑随其奔走治疗。但好在裴氏熬出了头，后来元稹入京为官，她终于过上了好日子。

工作有了起色，元稹也就渐渐忙碌起来，被调来调去，两口子成了异地夫妻。元稹见妻子经常为此生闷气，便连忙写诗安慰，《赠柔之》就是写给裴氏的：

穷冬到乡国，正岁别京华。
自恨风尘眼，常看远地花。
碧幢还照曜，红粉莫咨嗟。
嫁得浮云婿，相随即是家。

意思是，我一生注定漂泊，既然嫁给了我，那就跟我一起走吧，只要我们两个人在一起，哪里都是家。

哪个女人能受得了这样的深情攻势，于是裴氏拖着柔弱的身子跟元稹过上了漂泊的生活。后来她的身体吃不消，因病离世了。

元稹还有一位暧昧对象，是当时著名歌手刘采春。

元稹漂泊到越州（今浙江绍兴）时，遇到了这个人美歌甜的女子。一不小心，他动心了，他陶醉了，他又开始写诗了。于是，一首《赠刘采春》问世了。

诗词里尽情地说着掏心窝子的话，你貌美如花，你歌声婉转，让我情不自禁地陷进去了。

而刘采春是著名伶工周季崇的妻子，所以，这段故事就更复杂了。

有人说，元稹对刘采春就是单纯的欣赏，没有越矩行为。

有人说，元稹和刘采春偷偷摸摸地好过一段时间。

还有人说，刘采春和元稹爱得热烈，于是刘采春抛弃了丈夫，做了元稹的妾，后来又被元稹抛弃了。

总之，元稹的情诗写得入骨，算得上是在大量实操基础上完成了艺术创作。

他不是只会赋诗的神，而是在世俗里摸爬滚打的人。

漂泊浪子、深情“渣男”、多情诗人……这些都是最真实的元稹。

李贺病逝　年仅二十七岁

阅读 1378.8 万　讨论 3242　详情 >

大唐密探
主持人

导语：年仅二十七岁的诗人李贺去世，其生前仕途不顺，功名未成。直到他去世之后，人们才开始纷纷悼念他，欣赏他的才华。他们恍然发觉，大唐的诗坛上少了一颗璀璨的星辰。

八卦果果
12 小时前 来自 唐博 tangbo.com

李贺还那么年轻，他本该有更长的路要走。只可惜，他早早就离开了这个世界。更令人难过的是，他生前寂寂无名，直到死后人们才开始赞美他的诗歌和才名。

李贺病逝　年仅二十七岁

698　985　1.3 万

吃瓜专业户

33 分钟前 来自 唐博 tangbo.com

我是李贺的粉丝，当初他的诗歌被认为小众。殊不知，他的想象力早已飞跃了人间，大众很难理解，所以也没有太多人认识他。如今，他已经去世了，人们开始怀念他。他的诗终于火了，可我却好难过。

李贺病逝　年仅二十七岁

197　　264　　379

机智的糖瓜

12 分钟前 来自 唐博 tangbo.com

真的很遗憾，在这个时候才遇见李贺和他的诗歌。感谢你，让我见识了另一种瑰丽的浪漫。愿你在时间之外可以自由驰骋，愿你一路走好，来生不再留有遗憾。

李贺病逝　年仅二十七岁

88　　98　　169

星辰陨落，年仅二十七岁的诗歌鬼才李贺病逝于家中

诗人李贺病逝于家中，年仅二十七岁。

熟悉他的人，沉痛哀悼，直呼天妒英才。

不懂他的人，一脸蒙圈，发出一串问号——李贺是谁？

何方神圣，竟也能上这大唐的热搜？

皇族血脉、诗圈怪才、人间倒霉蛋……

那么，今天就让我们扒一扒这位隐藏的“大神”。

在解读一个人的时候，我们往往愿意看他的底色，李贺的底色是华丽闪耀的。

李贺，字长吉，自称“唐诸王孙李长吉”。没错，他是皇族后代，他的远祖是唐高祖李渊的叔父李亮，妥妥的皇室血脉。

后来，李唐王室在政治的血雨腥风中惨遭杀戮，李贺这一支血脉因为家道中落而逃过一劫，这也算是不幸中的万幸。

李贺虽然有皇族的血统，但这顶多为他的人生涂上一点儿金光。而这一点儿金光，完全照不进现实的生活里。他家道破落，连个富农都算不上。

让李贺真正成为不凡的光，是他内心深处的才华。他天资聪颖，自幼勤奋好学，六七岁时就能把当时流行的诗歌艺术“拿捏”得死死的，实打实的“天降紫微星”[14]。

当时的文坛领袖就十分欣赏他，后来十八岁的李贺在拜谒韩

愈时写下了那首著名的《雁门太守行》：

黑云压城城欲摧，甲光向日金鳞开。
角声满天秋色里，塞上燕脂凝夜紫。
半卷红旗临易水，霜重鼓寒声不起。
报君黄金台上意，提携玉龙为君死。

韩愈读到这首诗的时候，完全被诗中的气魄震慑，读了一遍又一遍。

在这里，值得一提的是，当时韩愈担任吏部侍郎，负责官员的任免和升迁。这么一看，李贺只要按部就班地在科考中拿到一个好成绩，就可以顺风顺水地走上仕途。

可命运总是不按套路出牌，你以为的永远只能是你以为的。

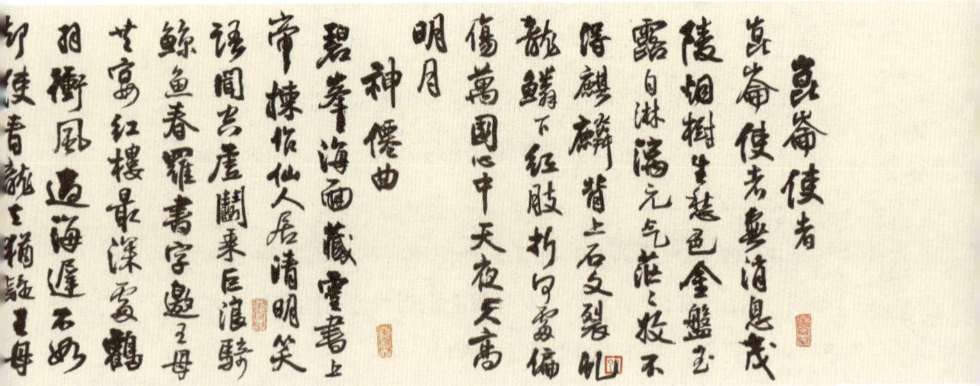

王铎《李贺诗帖》（局部）

元和元年（806 年），才华横溢的少年郎李贺准备参加这场命运大考。

很不巧，他没能拿到入场券，又或者说是被撕掉了。撕掉他的入场券的，不是某个人，而是一项奇葩的规定。因为他的父亲名叫李晋肃，其中的“晋”和进士的“进”是同音，李贺需要避讳进士考试，就这样他失去了考试资格。

荒唐而残酷。

可以想到，这位少年郎遇到这种不公的命运，会是何等的苦闷和迷茫。他明明什么都没做错，明明做好了一切准备，却连一个机会都不给他。这种事情不管放在谁身上，都很窝火。

这把怒火也点燃了韩愈的心。他是个惜才爱才之人，他认为李贺是一个有大才的人。于是，他大笔一挥，洋洋洒洒地写下了一篇题为《讳辨》的文章。

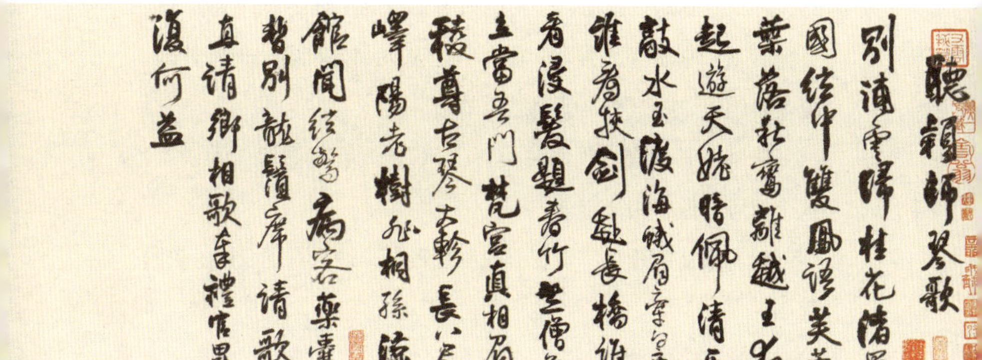

文章开头这样写道："愈与李贺书，劝贺举进士。贺举进士有名，与贺争名者毁之曰：'贺父名晋肃，贺不举进士为是，劝之举者为非。'听者不察也，和而唱之，同然一辞。皇甫湜曰：'若不明白，子与贺且得罪。'愈曰：'然。'"

意思是，我给李贺写了一封信，勉励他去考进士。李贺应进士试很引人注目，同李贺争名的人出来诋毁他，说李贺的父亲名叫晋肃，李贺还是不参加进士考试为好，勉励他去参加的人是不对的。听到这种议论的人不加分辨，纷纷附和，众口一声。皇甫湜对我说："如果不辨明这件事，您和李贺都会因此获罪。"我回答说："是的。"

在后文中，他引经据典，说明了这种避讳制度的弊端，同时说明李贺本人也并未触犯这个避讳制度。

总之，文章写得有条有理，大气磅礴。众人看了都忍不住为韩愈点赞，文坛老前辈的功力着实深厚。但现实就像是一块巨石，一纸文章难以撼动，李贺的科考也没能出现转机。

后来，李贺经人推荐，做了一个从九品芝麻官——奉礼郎，也就是组织一些祭祀、朝会之类的活动。

李贺的理想是"收取关山五十州"，现在却做起了勤杂工，这个官可谓做得相当窝火。

看着眼前的苟且，李贺心中越想越气，最后脱下官袍，果断辞职。

向这不公的世界宣告：老子不干了！

既然这现实的世界不称人意，那么，还有一个诗歌的世界在等着他。在那里，他可以尽情地纵横驰骋。

唐代的诗歌江湖，也是一片竞争红海，有李白、李商隐、白居易那样的“大神”，新的优秀诗人也一茬茬儿地往外冒，三天两头就会出现一首爆火的新诗。田园派、边塞派、浪漫派、现实派……各种流派，各领风骚。

初出茅庐的李贺，该往哪里走？

对于这件事，李贺并不迷茫，他要随心而走，他不是要选择哪条现有的路，而是要开辟一条新路。

人间，无趣！他把笔墨伸向了鬼神，伸向了星空，伸向了宇宙。

李贺的鬼怪诗歌上线了。

寂静深夜，灯下吟诗，是无尽的浪漫。但如果读的是李贺的诗，那完全就是另一种惊悚效果，比如下面这首《秋来》：

桐风惊心壮士苦，衰灯络纬啼寒素。
谁看青简一编书，不遣花虫粉空蠹。
思牵今夜肠应直，雨冷香魂吊书客。
秋坟鬼唱鲍家诗，恨血千年土中碧。

桐风、衰灯、寒素、香魂、秋坟、恨血，这一串词就像是从另外一个世界里伸出来的触手，要将人拖进一个凄厉孤冷、令人头皮发麻的世界。

再比如说，他在《南山田中行》里写道“石脉水流泉滴沙，鬼灯如漆点松花”，意思是，石头缝里渗出的泉水滴落到沙地，坟头上的鬼火像花朵一样点缀着松林。

他在《神弦》里写道“海神山鬼来座中，纸钱窸窣鸣旋风”。意思是，海神山鬼纷纷落座，燃烧的纸钱发出窸窸窣窣的声音，在风中飘荡。

同样是《神弦》这首诗，他还提到“呼星召鬼歆杯盘，山魅食时人森寒”，也就是天上的诸神和冥界的鬼怪把祭品盛放在杯盘之中，山鬼食用祭品的画面阴森恐怖，令人脊背发寒。

为什么李贺能将这种阴森和恐怖写得入骨噬心，大概是因为现实的人生太让他心寒，这种寒意渗透到了诗的想象中，滋养了诗歌的繁华和浪漫。

人们生来就对鬼神充满了敬畏和浓厚的兴趣，李贺也因此成功地“拿捏”了读者的喜好。怪诞奇幻的鬼怪故事，谁会不爱呢？

而他也凭借独特的诗歌风格，开宗立派，成为“长吉体”的创始人。

可惜，天妒英才，又或许李贺给人间透露了太多秘密，被命运早早地封口了。在经历了二十七年郁郁不得志的人生后，他因病离世。

或许，他从未离开，人们在读着他的诗句时，会恍然间在脑海里看见他的神秘一笑。

白居易呼吁理智追星

阅读 5348.8 万　讨论 4 万　详情 >

大唐密探

主持人

导语：近日，白居易粉丝因痴迷白诗，将诗句刺满全身，其疯狂行为引发热议。当事人白居易呼吁理智追星，营造清朗的诗圈氛围。

八卦果果

2 小时前 来自 唐博 tangbo.com

为偶像“转、赞、评”，这是作为粉丝的正常操作，但是将偶像的作品刺满全身真的是太疯狂了，想必白居易对这件事情也很无语吧！

白居易呼吁理智追星

265　1564　1.7 万

吃瓜专业户

3 小时前 来自 唐博 tangbo.com

太疯狂了，追星也要有个尺度。如果你喜欢白居易的诗，大可反复抄写、吟咏，完全没必要刺满全身，千万不要带坏小孩子。

白居易呼吁理智追星

1369　756　1624

机智的糖瓜

6 分钟前 来自 唐博 tangbo.com

虽然很不理解这种疯狂的追星行为，但不得不说，白居易的诗歌的确很牛。白居易的诗歌我抄写了不知多少遍，那首《琵琶行》更是我的最爱曲目。总之，白居易值得追随，但追星需理智，千万不要给偶像造成困扰哦！

白居易呼吁理智追星

147　196　269

粉丝将他的诗刺满全身，深扒白居易为何如此让人上头

在大唐，追星并不是件新鲜事。

杜甫迷李白，追随其后，写诗、“应援”、同游；李白追孟浩然，称赞、写诗、送行。这都属于基本操作，正能量理智追星。但也有一些粉丝的迷惑追星行为令人头大。

《酉阳杂俎》记载了这样一个故事：有一个名叫葛清的人，非常迷恋白居易的诗句，反复地抄写、吟诵、品读，这一套操作仍难以尽情表达自己对白居易诗歌的喜爱。于是，他“灵机一动”，把白居易的诗歌密密麻麻地刻在了身上。葛清身上的刺青，不仅有字，还有图，被人们称为“白舍人行诗图”。

葛清经常袒胸露臂地在街上溜达，把自己变成了行走的广告牌，宣传偶像诗歌，为其“应援”。“身体发肤受之父母”，在那个传统的封建时代，这样的行为无疑会引人侧目。

但是，葛清认为，为了偶像，一切都值得，甚至引以为豪。“若人问之，悉能反手指其去处，沾沾自喜”，但凡有人问起，他就会耐心地为发问者讲解，推荐自己的偶像。

白居易在诗坛的地位可以说是天王级别的。尽管诗歌的舞台上各色诗人一茬茬儿地往外冒，但他的江湖地位几乎无人可以撼动。从他十六岁写下《赋得古原草送别》算起，一直到七十四岁逝世，就一直笔耕不辍，留下《长恨歌》《琵琶行》《暮江吟》等

明　周臣《香山九老图》(局部)

诸多经典之作，还著有《白氏长庆集》共七十五卷。这位有才华又高产的诗人，粉丝真的可以安心追星了。

他不光有这种疯狂的粉丝，还有“帝王粉”，以及“海外粉”。

“帝王粉”当数粉丝唐宣宗李忱。白居易去世后，李忱写诗悼念：“缀玉联珠六十年，谁教冥路作诗仙。浮云不系名居易，造化无为字乐天。童子解吟《长恨》曲，胡儿能唱《琵琶》篇。文章已满行人耳，一度思卿一怆然。”

这么一看，帝王追星，就很内敛，很文艺，很符合身份。

当白居易的诗歌传到了日本，就溅起了千层浪花。上到天皇，下到百姓，都争相诵读他的诗歌，成为他的粉丝。嵯峨天皇更是白居易的东洋区头号粉丝，他将《白氏文集》藏于秘府，在日本宫廷设置了《白氏文集》的侍读官，白居易的诗甚至成为日本天皇的必修课，列入教科书。熟读并背诵全文，应该是对文学作品最大的认可。

白居易在日本的“帝王粉”可不止这一位，还有醍醐天皇、村上天皇等也是白居易的忠实粉丝。醍醐天皇更是表示：“平生所爱《白氏文集》七十卷是也。”也就是说，白居易的每一首诗，他都很喜欢。

可以说，白居易在日本已经形成了一种品牌效应，诵读白诗，品鉴白诗，是一种品位和风雅的象征。

日本的传世名作《源氏物语》中就引用了诸多白居易的诗歌，足以见得，其作者紫式部对白居易的喜爱。紫式部率先在民间开设了白居易新乐府诗的讲坛，为偶像的作品做宣传，扩大粉丝的力量。

你看，白居易的诗歌就是这么让人上头。但追星需理智，停止一切疯狂行为，做好各自的本分，足矣！

#怒砸天价胡琴　营销小天才陈子昂蹿红

阅读 5538 万　讨论 4327　详情 >

大唐密探
主持人

导语：近日，长安街头有一青年高价买下地摊上的一把胡琴，并声称次日于家中开免费演奏会。次日，众人来到其家中，该青年在众目睽睽之下砸断此琴，此等行为引发了又一波讨论的狂潮。

八卦果果
7 小时前 来自 唐博 tangbo.com

陈子昂是谁？买奢侈品眼睛都不眨，这么年轻就如此一掷千金，肯定是个富二代。话说，有钱人都这么玩吗？天价胡琴真的就这么砸了吗？是不是有点儿太败家了，不想要你送给教坊司的姑娘们不好吗？

#怒砸天价胡琴　营销小天才陈子昂蹿红#

136　227　1985

吃瓜专业户

1 小时前 来自 唐博 tangbo.com

最新消息，这个豪气青年叫陈子昂，他的爸爸是当地的富商。他花高价买的胡琴是真的砸了，据说是为了让大家关注他的诗文，这波操作真的太牛了。“货币玩家”[15] 加上他的营销天分，这种人不出名才怪呢！

怒砸天价胡琴　营销小天才陈子昂蹿红

165　336　851

机智的糖瓜

22 分钟前 来自 唐博 tangbo.com

据可靠消息，陈子昂的天价琴是真的砸了，那天的演奏会有亲戚去了，据说是因为科举受挫才做出这样博人眼球的事，不过现在这位小哥可是长安城的热门人物了。

怒砸天价胡琴　营销小天才陈子昂蹿红

172　274　695

不要迷恋哥，哥只是个平平无奇的营销小天才

“前不见古人，后不见来者。念天地之悠悠，独怆然而涕下。”

这首诗写出了吞噬天地的孤独和气度，它的作者叫陈子昂。

作为一位诗人，在大唐这个群星璀璨的时代并不吃香，人才太多，他们的光芒又太盛。

要如何“出圈”[16]，在诗坛里红起来？除了业务能力要过硬，更需要点儿营销思维，陈子昂则是在这方面贡献了优秀案例。

陈子昂算是个不折不扣的富二代。他的爸爸叫陈元敬，曾做过官，也很有学识，后来辞官下海经商，攒下了不少家底。

在这样的家庭里长大的陈子昂，日子过得很快活。说起来，他做诗人，其实算是半路出家，因为他小时候一直学武，一腔侠义，想当个笑傲江湖的侠客，总想路见不平拔刀相助。但他性情冲动，曾因与人产生纠纷动了手，吃上了官司。

这场风波过去之后，陈子昂像是变了一个人。他开始思考人生，不再舞刀弄剑，而是拿起了书本，开始啃书，弃武从文。

看到儿子开始用功，老父亲非常高兴，并全力支持，经史典籍都配备齐全。

陈子昂起步晚，但好在脑袋很聪明，学东西很快。在学习了几年之后，他摩拳擦掌，开始人生第一次科考。

或许是因为陈子昂“半路出家”，走的是速成班模式，所以学艺不精，也就落榜了。

一次失败说明不了什么。陈子昂立志要潜心读书，把学问研究透。于是，他回到老家后，在远离闹市的金华山建了所宅子，专心搞学业。

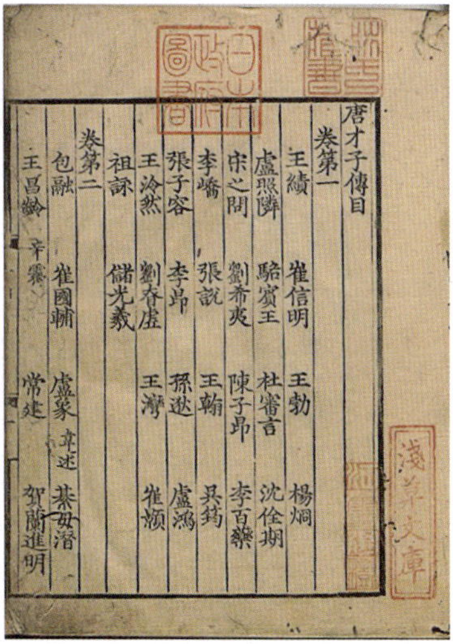
唐才子傳目
卷第一
王績 崔信明 王勃 楊炯
盧照鄰 駱賓王 杜審言 沈佺期
宋之問 劉希夷 陳子昂 李百藥
李嶠 張說 王翰 吳筠
張子容 李邕 孫逖 盧鴻
王泠然 劉昚虛 王灣 崔顥
祖詠 儲光羲
卷第二
包融 崔國輔 盧象 綦毋潛
王昌齡 常建 賀蘭進明

元 辛文房《唐才子传》

这几年的学习，的确让他的知识层次有了质的提升，史载：“数年之间，经史百家，罔不赅览。尤善属文，雅有相如、子云之风骨。”

二十四岁时，陈子昂又开始征战科考。但这一次，他也没有“逆风翻盘”⑰，还是落榜了。

这次落榜之后，陈子昂没有重复老套路回乡苦读，而是装好行李，直奔长安。因为第一次落榜时，他心里明白，是自己学艺不精，所以索性继续读书。但这一次不一样，他觉得自己的学问火候差不多了，心底生出了怀才不遇之感，而继续埋头苦读显然解决不了怀才不遇的问题。他要到长安去，好好研究名士们的发展晋级之路，看看自己的发展瓶颈究竟在哪里。

经过一段时间的琢磨，陈子昂想通了。大唐人才济济，竞争十分激烈，而他在当时没什么名气，在朝中也没什么熟人可以给他做推荐，自然也就落榜了。

所以，在下一次科考来临前，陈子昂就开始思考如何打通自己的职场发展之路。结交权贵这条路不好走，那就只有成名“出圈”这一条路了。

有一天，陈子昂读书累了，到街上闲逛散步，正巧看到有人卖琴，周围围了不少人。

陈子昂凑近一看，嚯！是胡琴，进口洋货。一问价格，高得离谱，绝对的奢侈品。店家明确表示，不打折，不议价。

周围的人议论纷纷，还有官员和商人围观，但都表示买不起。

陈子昂脑袋转得快，他看这琴非常有话题性，于是发挥了一下富二代的“钞能力”，一掷千金买下了这把琴。

陈子昂给周围的人留了句话：各位朋友，我最擅长弹这种胡琴，如果大家感兴趣，明天可以来我家做客，届时我将免费给大家举办一场胡琴演奏会。

说完，他转身就走，留下一个潇洒的背影。

周围的看客一下子对这个出手阔绰的小伙子产生了浓厚的兴趣，把焦点从胡琴转移到他的身上。

这是哪家公子，如此阔绰？

他怎么这么有钱，他爸爸是谁？

不知道他的胡琴弹得怎么样，明天一定要去听一听……

就这样，这段长安街头的小插曲在各种议论声中渐渐成了大新闻。

花高价买了把琴，单凭这波操作，陈子昂从一个寂寂无名的小伙子成了新闻里的热门人物。这绝对是一次非常成功的营销。

但是，对于营销小天才陈子昂来说，这只是基本操作，更精彩的大招还在后面。

第二天，陈子昂在家中备好了酒席，高朋满座，他在众人的期待中捧着天价胡琴帅气登场。

观众席也立刻安静下来，等待聆听一段绝美的音乐。

但事实上，他们迎来的是一次大唐营销名场面。

陈子昂忽然开口，来了一段开场白："大家好，我是陈子昂，来自四川的一个六线小城。我曾经写过上百篇诗文，到京城也有一段日子了，但是始终得不到赏识。我手中的这把胡琴是低贱的乐工所弹奏的，哪里值得花心思去研究它？"

话音刚落，他就把胡琴重重地摔在了地上，紧接着又把自己的诗文分发给各位观众。

这波反套路的操作，彻底把观众席上的各色人物搞蒙了。回过神之后，再看手中的诗文，都被他的诗文惊艳。

这件事的影响继续发酵，轰动京城，陈子昂由此"走红"，成了京城里的红人。当时的京兆司功王适读完他的诗后，惊叹道："此人必为海内文宗矣！"

很快，陈子昂就吃到了名气的红利。他再次参加科考，非常容易地就高中进士，并顺利地通过了明经科的考试，进入了女皇武则天的视野，完美地实现了阶层跨越。结交的朋友都是宋之问、卢藏用、司马承祯以及“诗圣”杜甫的祖父杜审言等当时的名流。

后来，陈子昂受到了女皇武则天的重用，授以麟台正字，旋迁右拾遗。不过陈子昂脑袋虽然活，但是其性格耿直，在官场上很容易得罪人。虽然他在年少时弃武从文，但是心中的那份侠义感只增未减。他心怀天下，直言进谏，如此刚直的人自然也就逃不开被贬谪的命运。

经历了官场沉浮之后，陈子昂感觉心很累，于是在圣历元年（698 年）找了个赡养父亲的借口，回乡隐居了。

但是，权臣武三思一直对他记恨在心，圣历三年（700 年），武三思、武攸宜给陈子昂量身定制了一桩冤案。一代“诗骨”陈子昂冤死狱中。

某诗人因怒撑武后“出圈” 其身份被扒

阅读 6374.6 万 讨论 3242 详情 >

大唐密探
主持人

导语：近日，一篇《为徐敬业讨武曌檄》引发热议，武后权倾朝野，大有临朝称制之势，很多人对此都存有很大意见，却迫于武后权威而敢怒不敢言。就在这种大势之下，竟有人和武后正面硬刚，发文讨伐武后。

八卦果果
3 小时前 来自 唐博 tangbo.com

这是哪位“大神”呀？可是真敢说啊！那篇文章已经被封禁了。本人有幸看过，真的是太有文采了，如果哪位想看，私信找我。

某诗人因怒撑武后“出圈” 其身份被扒

169 524 1.7 万

吃瓜专业户

55 分钟前 来自 唐博 tangbo.com

替徐敬业发文撂武后的人叫骆宾王，还是个诗人，很有才华。据说当时武后看到这篇文章的时候并没有暴怒，反而被作者的才华折服了，并且非常遗憾这样的人才没能为朝廷所用。

\# 某诗人因怒撂武后“出圈” 其身份被扒 #

164 256 1681

机智的糖瓜

10 分钟前 来自 唐博 tangbo.com

这篇文章行云流水，不带一个脏字，骂得酣畅淋漓，作者骆宾王绝对是个“大神”，七岁时就写出了《咏鹅》这样的神作。“大神”才华是有的，但性格太耿直，当初就是因为说话太直，被送进了监狱，如今又直接与武后正面交锋，忍不住为骆“大神”的未来担忧。

\# 某诗人因怒撂武后“出圈” 其身份被扒 #

89 253 886

敢和武后硬刚的大牛骆某，到底是何许人也

近日，一篇《为徐敬业讨武曌檄》在大唐炸开了锅。

武后临朝称制，不符合历史的主流。可武后权杖在手，所以很多人敢怒不敢言，顶多是喝点儿酒之后，暗地里嘀咕几句。

但有一位诗人，还是忍不住冒着掉脑袋的风险，愤怒开腔。

普通人生气骂人，翻来覆去就那么几个粗俗的脏词。

文化人可就不一样了，比如这位诗人，骂得有理有据，骂得酣畅淋漓，骂得文采飞扬。他说武后非法掌权，一看就非善类，而且出身卑微，曾经是太宗皇帝的小老婆，因为替太宗更衣而得到了侍奉的机会，后来又不顾伦常跟太宗的儿子搞暧昧。隐瞒情史，欺骗君王，以获得专宠。她嫉妒心极强，宫中其他嫔妃美女，她一个都不放过。她像个狐狸精一样卖弄风情，迷惑皇帝，一步步登上了皇后的宝座，却在无形间令皇帝陷入乱伦的丑闻，让皇家威严扫地。此人蛇蝎心肠，又如豺狼一样凶残，杀戮兄姊，谋杀君王，毒死母亲，就是一个天地难容的恶人。而这样一个包藏祸心的人，竟然想着窃取皇权……

这篇洋洋洒洒的文章，写的人骂得很爽，读的人捏了一把冷汗，脊背发凉。旁观者纷纷猜测武后会让这位大作者以怎样的方式死去。

但当事人武后的回复却让一帮吃瓜群众大跌眼镜：“有如此

才，而使之沦落不偶，宰相之过也！”

也就是说，武后在看到这篇文章之后，为其文采所打动，直呼这样的人才没有得到重用，这可是宰相的过错。

不得不说，武后的确不是一般人物，有着非凡的气量。这就是格局！

现在让我们把目光收回到这个倔强的作者身上，能有这样的文采，绝不是普通人。

这位敢和武后叫板的人并不难找，他就是与王勃、卢照邻、杨炯并称为“初唐四杰”的骆宾王。

有一首妇孺皆知、经典传承的启蒙诗《咏鹅》，就是这位“大神”的作品，并且是他七岁的时候创作的。这个水平已经不仅仅是“别人家的孩子”了，而是属于神童级别。

骆神童天资很高，奈何运势不太好。他出身寒门，凭借一身才华，好不容易才入了仕途。

这位愤青是个刺头，看到不满，总要说两句，谁的面子都不给，只为了心中的理想和正义。

仪凤三年（678 年），他好不容易得了机会入朝为官，后来一直做到了侍御史。他以为自己的春天来了，终于有机会一展宏图了，可并不是徒有一腔正义就能玩转政治。武则天当政，他因多次上书讽谏，最后把自己送进了监狱。

从这篇《为徐敬业讨武曌檄》就能看出这位老哥的性格。

他不仅敢说，还敢做。嗣圣元年（684 年），武则天废中宗立睿宗，当年九月，骆宾王跟随徐敬业在扬州起兵。古代的战争必须师出有名，于是，骆宾王起草了这篇《为徐敬业讨武曌檄》。

只可惜革命的火苗只烧了两个月，就被灭掉了。

徐敬业兵败被杀，而骆宾王下落成谜。

有的人说他被杀了，有的人说他逃命去了，也有的人说他出家了。

此后，他活在了诗歌与传闻中。

李商隐做了“李党”的女婿　被指忘恩负义

阅读 5654 万　讨论 4873　详情 >

大唐密探
主持人

导语：诗圈大佬李商隐大婚，本是一件大喜事，却引发热议。当初李商隐在寂寂无名之时拜到“牛党”令狐楚门下，恩师去世之后，他却和“李党”王茂元的女儿成婚，被指忘恩负义。

八卦果果
2 小时前 来自 唐博 tangbo.com

不懂什么党派之争，但李商隐若是没有令狐楚大人的帮助，恐怕没有现在的名气。令狐楚刚去世不久，他就投奔敌对阵营，真的让人很难接受。据说令狐楚的公子令狐绹已经和李商隐断交了。

李商隐做了“李党”的女婿　被指忘恩负义

652　1689　449

吃瓜专业户

1 小时前 来自 唐博 tangbo.com

其实李商隐挺无奈的，他的想法也很单纯，就是好好作诗文，有机会能一展抱负。令狐楚如师如父对他有知遇之恩，王茂元对他也很器重，而他和王茂元的女儿也是情投意合。只是命运弄人，让他陷入了党争的夹缝中。

李商隐做了“李党”的女婿　被指忘恩负义

137　562　743

机智的糖瓜

14 分钟前 来自 唐博 tangbo.com

我觉得各位应该理性吃瓜，李商隐本身是不参与党争的，他和王茂元的女儿也是真心相爱，所以根本谈不上什么忘恩负义，只是为了追求自己的幸福罢了。令狐楚大人待李商隐如子，想必他在九泉之下也希望李商隐能按照自己的心愿幸福地活着吧。

李商隐做了“李党”的女婿　被指忘恩负义

83　162　252

诗圈大佬口碑坍塌，一桩婚姻引发的争议

结婚是件喜事，但诗人李商隐与泾原节度使王茂元的女儿喜结良缘，却引发热议，各方声音此起彼伏，其中不乏负面声音。

“李商隐是墙头草”“李商隐忘恩负义”“李商隐非常有心机”……

难听的话，不绝于耳。

为什么一段婚姻在当时掀起如此大的波澜？

是因为李商隐的名气，还是有人嫉妒？抑或是这段婚姻有什么不可思议的内幕？

都不是。

因为就这段婚姻本身而言，一切都很正常、和美。李商隐才华横溢，与王家小姐情投意合，老丈人爱才惜才，对小伙子十分满意，所以李商隐顺理成章地迎娶了如花美眷。

但事情并不是这么简单，因为正是这桩婚姻，让李商隐陷入了党争的夹缝中。

婚姻？政治？立场？一个小小的诗人，为何被卷入其中？

首先，李商隐是个纯粹的人。他生于书香门第，但家境贫寒，父亲又早早离世，给他留下的唯一宝贵的财富，就是他的名字。商隐，取自“商山隐者之义”，所以他的字为义山。可见，他父亲希望他像商山隐者一样，辅佐明君。

所以，李商隐一直跟着堂叔勤学苦读。后来，为了追求梦想，他来到了洛阳，在干谒的过程中，遇见了他的贵人——令狐楚。

令狐楚是当时的文坛领袖，骈文写得十分精彩，在政治上更是官居宰相，影响力非同一般。

令狐楚爱才惜才，所以当他看见这个满腹才华、渴求机会的小伙子时，捋着胡须，连连点头，不禁流露出老父亲般的微笑。

这么好的孩子，一定要供他读书。

于是，李商隐住进了令狐楚的府中。就这样，令狐楚为踌躇满志的李商隐打开了人生的上升通道。供他读书，教他写文章，让他和自己的儿子令狐绹做朋友，结交文人雅士。李商隐渐渐有了高质量的社交圈，既增长了见识，又有了更深厚的知识，前途一片光明。

那段日子，李商隐过得恣意快活，他努力吸收着身边一切的能量来充实自己。他也同样走上了科举的考场，期望释放自己的能量。

然而，人生无常，不是所有事情都是那么顺风顺水，他的科考成绩并不理想。

其实，他依仗着令狐楚在朝中的威望，完全可以顺利地进入仕途，但是他希望凭借自己的本事，拿到仕途的入场券。而他的好兄弟令狐绹，早早地就获得了“保送”名额，在官场里步步高升。

李商隐很有韧性，考不上，那就复读。一直到第五次，李商隐才考中进士，但据说这也是好友令狐绹向主考官推举，李商隐才顺利得中。

李商隐本以为大展宏图的机会来了，而此时令狐楚外放离京，担任山南西道节度使，没多久就离世了。

李商隐很郁闷，一来他与恩师感情深厚，二来令狐楚的离世让他的仕途失去了依托，他也因此产生了深深的迷茫之感。一个又一个深夜，他叩问苍天，未来究竟要何去何从。

上天仿佛听到了他的心声，此后不久，泾原节度使王茂元给李商隐抛出了橄榄枝，希望李商隐做他的幕僚。

失业青年李商隐欣喜地接受了这份工作。

令李商隐没有想到的是，这位领导不仅给他解决了工作问题，还给他解决了婚姻问题。李商隐与王茂元的女儿情投意合，结为夫妻。

正是这个选择，让他陷入了错综复杂的“牛李党争”的旋涡中。

“牛党”是指以牛僧孺、李宗闵为首的官僚集团，“李党”是指以李德裕为首的官僚集团。李商隐的恩师令狐楚在官场上纵横多年，他的政治立场属于“牛党”。但王茂元是“李党”领袖李德裕一手提拔起来的，自然被划入了“李党”阵营。

李商隐不喜党争，只是想踏实做事。

可是，人在江湖，身不由己。他已经在不知不觉中陷入了这个巨大的政治旋涡之中。他曾是“牛党”令狐楚的得意门生，如今又成了“李党”王茂元的乘龙快婿，他生生地把自己嵌入了党争的夹缝中。

在“牛党”的眼中，他是个背信弃义的叛徒，恩师尸骨未寒，转头就投奔敌方阵营；“李党”则认为，他来自敌方阵营，说不定是个卧底，不可信。

也就是说，两方势力都不待见他。

没办法，路是自己走的，脚上的泡也是自己磨的。此后，李商隐的仕途一直磕磕绊绊，他的政治立场也不够坚定，在两边跳来跳去，甚至把当年的好兄弟令狐绹得罪得彻彻底底。

他不明白当年那一手好牌为什么会打得这么烂？只是因为当初接受了王茂元抛出的橄榄枝吗？

说白了，其实并不是，那只是一个契机。从根本上来讲，还是因为他不懂政治，不懂人心。

你不得不承认，他是有才华的好诗人，但在政治上、在一些人生选择上，他始终是个小学生。又或许正是这份不太聪明的纯粹，滋润了他的诗魂和灵性。

在得到中失去，在失去中得到，这就是人生。

王勃逝世　死因成谜

阅读 3370 万　讨论 5247　详情 >

大唐密探
主持人

导语：王勃去世，引发众人的哀悼和追思。这位曾经写下《滕王阁序》的“大神”，本应迎来人生的高光时刻，却因不懂得收敛锋芒而使人生走向下坡路，后来竟然陷入命案之中。人生大起大落，引人唏嘘。而且，他的死因也成了一个谜。

八卦果果
11 小时前 来自 唐博 tangbo.com

王勃走了，我大唐又一颗巨星陨落了。那篇《滕王阁序》可谓绝唱，一定会流传千古。只可惜命运弄人，让这位大才子在将要大展宏图时走入了命运的低谷，不然也不至于这么早离世。我猜他多半是抑郁自杀的。

王勃逝世　死因成谜

220　541　2581

吃瓜专业户

5 小时前 来自 唐博 tangbo.com

王勃真的是太可惜了，天资聪慧，绝对的学霸，连皇帝都被他的才学折服。只可惜年少气盛，不懂得收敛锋芒，人生走向了下坡路。

王勃逝世　死因成谜

238　159　438

机智的糖瓜

57 分钟前 来自 唐博 tangbo.com

了解了王勃“大神”的一生，真的很感慨。曾经意气风发的少年郎，后来却身陷囹圄沦为杀人犯。人生大起大落他都经历过了，想必正因如此，才会有《滕王阁序》中的感叹吧！

“嗟乎！时运不齐，命途多舛。冯唐易老，李广难封。屈贾谊于长沙，非无圣主；窜梁鸿于海曲，岂乏明时？所赖君子安贫，达人知命……”读他的文章，感慨他的文采之余，更替他感到遗憾。

王勃逝世　死因成谜

163　324　1324

王勃逝世引发争议，大才子曾因杀人入狱

王勃逝世，引发一众网友沉痛哀悼。

“可惜啊，天妒英才，他还那么年轻！”

“他是怎么死的？这里面会不会有阴谋？”

“他的诗，我念了一遍又一遍，还是念不够。”

“真难过，有传言说他是自杀的！”

人们一面揣测文学大佬的死因，一面怀念他人生中的闪光时刻。

“海内存知己，天涯若比邻”，他把知己的情谊写得辽阔而细腻。在《滕王阁序》里，他把滕王阁的风光写得华美富丽。

可这样一位优秀的诗人，只在这个人世间活了二十七年。

而他的死因，成了一个谜。

上元三年（676年）春夏之际，失意落魄的王勃去探望他的老父亲。此时，父亲也因为他的事情而受到牵连，生活十分窘迫。

想年初，父亲是雍州司功参军，而今却在这荒凉之地做一个小小的县令。做父亲的不会怨恨儿子，但做儿子的却无法不痛恨自己。

哪个男儿郎不想光宗耀祖，而他却做了个坑爹的儿子，这种际遇让他丧到了顶点。

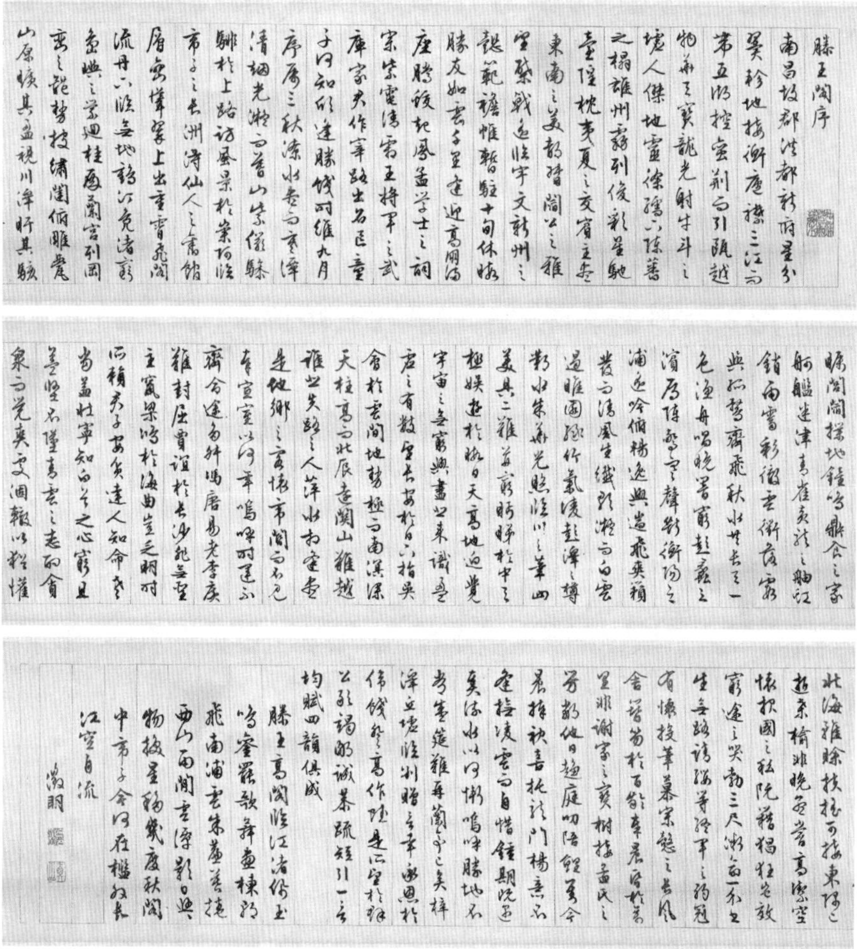

明　文徵明《滕王阁序》

归程的船只摇摇晃晃地穿行于南海，而他的生命和他的理想一样，最终没有上岸。

有人说，是海上风浪突起，连人带船都被掀进海里。

也有人说，他当时心境抑郁，看着迷茫的大海，就如同面对迷茫的人生。最后，他闭上了双眼，沉入海底。所以，这是一场有预谋的自杀。

于他而言，结束了所有痛苦和失意，但对活着的人来说，是无尽的悲恸和遗憾。

他的白发苍苍的老父亲、他曾真心以待的朋友，还有那些等着他作新诗的拥护者……都只能发出一声又一声的叹息。

曾经，他可是个神童啊！

六岁的时候，他就能作诗。十岁的时候，就饱读“六经”。

乾封元年（666年），未满十八岁的王勃通过李常伯上《宸游东岳颂》一篇，接着应幽素科试及第，授朝散郎，成为朝廷最年少的命官，捧上了御赐的金饭碗，呵呵！

同为“初唐四杰”之一的著名诗人杨炯在他的《王勃集序》中提到，王勃“九岁读颜氏《汉书》，撰《指瑕》十卷。十岁包综六经，成乎期月，悬然天得，自符音训”。

这是活脱脱“天降紫微星”的学霸“人设”，一路拔尖，一路开挂。连大唐的“董事长”唐高宗都为他的文章所折服，亲自盖章点赞，“奇才，奇才，我大唐奇才！”

作为皇家认证的人才，王勃的名望一路高升，与杨炯、卢照邻、骆宾王合称“初唐四杰”，并稳稳地坐上了头把交椅。

命运是最好的剧作家，闪光的少年、开挂的人生，这么好的“人设”怎么能只配上这么单调的剧情。所以，埋好了伏笔、做好了铺垫之后，波澜的好戏就来了。

王勃的“铁粉”[18]放下了灯牌，由粉丝变成“黑粉”。

当时，王勃当上朝散郎后，经主考官的介绍，担任沛王府修撰。和皇子交流做朋友，进入了上流社会的圈层。沛王李贤很喜欢这个才华横溢的小伙子，两个人非常投缘。

一次，沛王李贤与英王李哲斗鸡，王勃写了一篇《檄英王鸡》，为沛王助兴呐喊。少年郎们玩得很开心、很尽兴。

王勃的文章，一出手就是上百万人点赞的爆文。

“……历晦明而喔喔，大能醒我梦魂；遇风雨而胶胶，最足增人情思。处宗窗下，乐兴纵谈；祖逖床前，时为起舞。肖其形以为帻，王朝有报晓之人；节其状以作冠，圣门称好勇之士……”

行家连连点赞，忍不住反复研读，当案例名篇。围观群众看不明白但觉得好厉害，虽然看不懂，但是能感受到遣词造句的硬气和华丽，忍不住给他点赞。

而当这篇文章传到唐高宗手中的时候，仿佛戳进了他的肺管子。

好你个王勃，身为博士，你不好好陪我儿子学习，还在他玩乐的时候写文章助威。“歪才，歪才！二王斗鸡，王勃身为博士，不进行劝诫，反倒作檄文，有意虚构，夸大事态，此人应立即逐出王府。”

也许你会想，斗鸡不过是男孩子之间的游戏而已，读书也要劳逸结合，这位老父亲管得实在有点儿宽。

可是，你忽略了，他们生在帝王家。

檄文在当时是用于征召、晓谕的政府公告或声讨、揭发罪行等的文书，现在也指战斗性强的批判、声讨文章。虽然沛王和英王只是在斗鸡，但二人都是皇帝的儿子，都有王位继承权。

曾经历过皇权之争的唐高宗深知皇族兄弟关系的微妙和敏感，而王勃在斗鸡游戏中的檄文，有挑拨离间之嫌。就比如“两雄不堪并立”“见异己者即攻”这两句，更是直戳皇帝最敏感的神经。

所以，唐高宗双眼一瞪，大笔一挥，王勃被逐出了长安。努力打拼、辛苦经营的官途，就这么被折断，王勃由此开启了他的颠沛流离之路。

咸亨二年（671 年），王勃在朋友的介绍下，谋了个虢州参军的职位。但是这次，他遇到一桩案件。

他在任期间藏匿了一个叫曹达的官奴罪犯，后来，他怕走漏风声，又将这个罪犯杀掉。

杀人偿命，东窗事发后，大才子入狱成了杀人犯，迅速登上了热搜头条。营销号紧跟热点，花式标题吸了一大波流量。

“震惊！‘初唐四杰’核心位担当王勃，因杀人入狱。”

“起底‘神童’的陨落，才子王勃为何沦为杀人魔？”

“王勃入狱的启示：年轻人出名太早，不一定是好事！”

可这事不符合逻辑，王勃为什么要藏匿一个罪犯？为什么最后又杀掉了这个人？他做这一切的动机是什么？真相又是什么？

很显然，这是一桩漏洞百出的案子。

可很少有人在乎真相，或者说，人们更愿意相信自己认为的真相。

但好在有一些蛛丝马迹记录了他的清白。据唐代史书所载，王勃此次的祸患，是因为有人嫉妒他的才华而设计陷害了他。

王勃很绝望，也很憋屈。他只想用一腔才华努力搞事业，可

元　夏永《滕王阁图》

政治这东西，远不是才华就能撑起来的。

当他万念俱灰在狱中等待死亡的时候，他的人生篇章又出现了新的反转。皇帝大赦天下，他出狱了。

可是，最痛苦的刑罚不在牢狱，而是在俗世。

他出狱之后虽重获生机，但是仕途彻底终结了，世界之大，他却感到茫然。尤其是当他知道父亲因为自己受到牵连后，更是陷入了万劫不复的痛苦中。

痛苦铸成的镣铐，锁住了他的心，让他无处可逃。于是，有了开篇的那一幕。

王勃死后不久，唐高宗读到《滕王阁序》中那句“落霞与孤鹜齐飞，秋水共长天一色”时，忍不住直拍大腿，连连赞叹，便想着要重新重用王勃。

太监遗憾禀报，作者王勃，已逝！

巨星陨落，高宗沉吟良久，双眸黯然。

关于王勃的死，还有一种揣测，又或者说，是一种寄望。

那个满目忧郁的诗人，在茫茫的海上大声呼喊，我悟了！世界之大，我要换种活法。此后，他放下凡尘的一切牵挂，隐姓埋名，纵横海内，浪迹天涯。

他在现实里宣告死亡，但在人们的回忆里，他活蹦乱跳，闪闪发光。

人们不会忘记，那个吟诗作对的六岁稚童，那个为初唐气象留下浓墨重彩的翩翩少年郎。

流亡队伍中惊现杜甫身影 新诗《彭衙行》让粉丝泪奔

阅读 6733 万　讨论 3592　详情 >

大唐密探
主持人

导语：安史之乱爆发，叛军攻陷潼关，大唐昔日繁华不再，满目疮痍。许多百姓背井离乡，成了流民。有人在庞大的流民队伍中看到了诗人杜甫的身影。

八卦果果
8 小时前 来自 唐博 tangbo.com

大诗人竟然成了流民，太让人心痛了！安禄山这个叛徒，毁我大唐江山，害了多少黎民百姓。

流亡队伍中惊现杜甫身影　新诗《彭衙行》让粉丝泪奔

102　234　8521

吃瓜专业户

32 分钟前 来自 唐博 tangbo.com

昔日繁华的长安城已经破败不堪，大诗人杜甫竟然成了难民，哎！感觉大唐的国运将尽了，希望战争早日结束。

流亡队伍中惊现杜甫身影　新诗《彭衙行》让粉丝泪奔

264　378　952

机智的糖瓜

19 分钟前 来自 唐博 tangbo.com

杜甫本就仕途坎坷，如今又成了难民，真的挺不容易。希望诗人一切顺利，一路平安，早日摆脱流亡命运，创作出更好的诗歌。

流亡队伍中惊现杜甫身影　新诗《彭衙行》让粉丝泪奔

97　624　3210

杜甫真惨，其流亡经历让粉丝泪目

你印象中的大唐诗人是什么样的？

风流倜傥，意气风发，辗转于各种文人雅士的酒局，吟诗作赋；或邀三五好友，一起探访名山大川，兴致来了，就写写诗，圈一波粉。

在真实的大唐里，有人生逢繁华盛世，的确过上了那样潇洒诗意的日子，比如白居易。但也有人遭逢乱世，吃了上顿没下顿，住着茅草小破屋，比如杜甫。

天宝十四载（755 年）十一月，风云异动，一场战争，让大唐乱成一团麻。安禄山率领叛军疯狂地屠戮，一直杀到洛阳城。

大唐二十万的军队被打得溃不成军，潼关转眼失守。直到叛军兵临城下，唐玄宗才从奢靡的梦中惊醒，惊惶逃亡。长安成了一座空壳，朱雀街上不再是车如流水马如龙，转眼间一片破败和萧索，那叫一个惨。

在历史的折痕里，受到波及的又何止唐玄宗一人，还有那千千万万不知姓名的百姓。只是，他们的悲痛都成了历史中的一抹荒凉底色，无人问津，直到流民中出现了杜甫的身影，尽管那时人们还没意识到他有多么与众不同。

此时的杜甫刚刚离开奉先（今陕西蒲城县），告别了自己的妻儿，返回长安，赴任右卫率府兵曹参一职，按部就班地沿着自己的生命轨迹一路前行。好巧不巧，一场战乱，猝不

元　赵孟頫《杜甫像》

及防地打破了人生原本的秩序。

刚刚出发没多久，杜甫就得知了叛军逼近潼关的消息。生死存亡之际，他最先想到的是自己的至亲。于是，他马不停蹄地赶回了奉先，带着妻儿逃亡。他们的目的地是白水（今陕西白水县），杜甫想要去投奔在那里做县尉的舅舅崔顼。

杜甫带着一大家子人随着难民的队伍出发。而这一路上的所见所闻，时时刻刻牵动着他那最敏感的神经。

多少次的死里逃生，多少次的千钧一发，简直就是一幅活生生的“流民图”，身边不断有人病死、饿死，到处都是老人、孩子、妇人此起彼伏的哭声和哀号……

这一队流民就像无头苍蝇，到处飞来飞去，一听到战争的消息，就吓得东奔西走。他们的眼中，有惊恐、有痛苦、有哀伤……各种复杂酸涩的情绪交织在一起，唯独没有喜悦。

白水曾经寄托着杜甫安稳的希望，可真正到达之后，他的梦碎了。当时杜甫的重表侄王砅和杜甫两家人都寄寓在白水避乱，后来迫于形势，又一同向北逃难。

个人的悲喜无法影响历史的走向，但腐朽的王朝却可以为每一个百姓都烙下深深的伤痕。一路上，狼烟弥漫，他们走了数不清的弯路，更是经历了难以想象的挫折困苦。

上路之初，杜甫原本骑着的牲口不知被谁抢走，只得步行。兵荒马乱中，他跌倒在蓬蒿坑里，摔伤了腿，幸亏王砯发现杜甫掉了队，往回奔走十余里才在流民中找到他的身影，而后又将自己的马让给杜甫。王砯右手擎刀，左手紧握缰绳，保护着杜甫，生怕他再有什么闪失。

同样身处流亡的境遇，王砯的出手相救，更是散发着侠义的光芒。他的救命之恩，杜甫终生难忘。离乱中的聚散无依，也让杜甫格外珍视这乱世中短暂又诚挚的情谊。

后来杜甫写了两首诗，分别是《送重表侄王砯评事使南海》和《彭衙行》。在这两首诗中，他记录下了自己逃亡的经历。

山野里寂寥无人，静穆得可怕，偶尔飞过的鸟儿长一声短一声地嘶啼，却不见有逃难的人往回家的路上行走。饿极了的小女儿直咬杜甫，啼哭声在寂静的山林里回荡，凄惨凌厉。

杜甫害怕她的哭声招来老虎和豺狼，把女儿紧紧地抱在怀里，掩着她的嘴。可小女儿哭闹得更凶了，在山野中荡起一阵阵回音。小儿子见着妹妹哭得这么凶，懂事地采了些李子给她吃，看着青涩的苦李，再看看儿子天真无邪的脸庞，杜甫心中不觉感慨万千。

雷雨下起来没完，路上泥泞得根本无法下足，杜甫和他的妻子杨氏抱着他们的孩子，在泥泞中深一脚浅一脚地走着。雨水湿冷，却不及杜甫的心凉；前路艰苦，却不及他此时的心境苦。饿了便勉强以野果为食，累了就斜倚低树歇息养神。白天里蹚着四处乱流的泥水一步步艰难行进，晚上则住在稍有人烟的地方勉强度日。

杜甫每每回忆起流亡路上的种种情景，心中万般滋味难以言说。这一路上，杜甫看到的是死亡，是不公，是战争，是血淋淋的现实，是一寸又一寸山河的沦陷，是一个又一个故友的死亡，是亲人的饥饿，是自身的无奈，是欲得而不可，是对命运的彷徨无力。

就这样，熬过风雨的洗礼，踏过泥泞的道路，一步一艰难，杜甫一家终于来到了鄜州（今陕西富县）附近的同家洼。杜甫的友人孙宰热情地招待了他们一家，让这一家人感受到了久违的安宁。

那天夜里，孙宅大开重门，张灯接客，对杜甫一家盛情款待。烧水烫脚，为其解除许久以来的困乏；剪纸作乐，安抚一路上颠簸不宁的愁绪。

孙家的妻儿出来与杜甫一家相见，数目相对，热泪纵横。虽幼儿因过于疲累早已沉睡，但还是得叫起他们来吃下这顿丰盛的晚餐。孙宰定要与杜甫结拜为兄弟，特意腾出宽敞的堂屋让杜甫一家人居住。

在这样艰苦落魄的环境下，有一位挚友这般热忱地出手相助，肝胆相照，谁能不涕泗横流呢？

在《彭衙行》中我们既看到了一幅凄凄惨惨戚戚的流民图，又能看到一幅雪中送炭的人情画，惊惶中见温暖，凄凉中显幽致，画里不再有疾风骤雨，不再有寒冷的黑夜，取而代之的是温暖的烛光、恬淡的生活，一股温馨浓郁的家的感觉和味道。

清　丁观鹏《杜甫诗意图全卷》

彭衙行

忆昔避贼初，北走经险艰。
夜深彭衙道，月照白水山。
尽室久徒步，逢人多厚颜。
参差谷鸟吟，不见游子还。
痴女饥咬我，啼畏虎狼闻。
怀中掩其口，反侧声愈嗔。
小儿强解事，故索苦李餐。
一旬半雷雨，泥泞相牵攀。
既无御雨备，径滑衣又寒。
有时经契阔，竟日数里间。
…………

这乱世，伤了难民的心，而这些情谊的光，却温暖了受伤的人。

正是因为经历了这些坎坷，杜甫才对时事、对友情、对人性、对人生的得失，有了更加通透的领悟。从杜甫的诗中，我们总是能够感受到他对朋友深厚的感情，也同样是友情帮助了他，甚至救了他的性命。

有好几次，都是因为有朋友，杜甫才能挣扎着活下去，这恐怕也是乱世中最值得珍惜的东西之一。乱世的命运让人疲于挣扎，但好在还有温暖的真情，还有不离不弃的相依，让人感动，让人珍重。

在孙家小住一阵之后，杜甫又携家眷一路奔波赴鄜州。诗人行经此处时正值洪水暴涨，随处可见“秽浊殊未清，风涛怒犹蓄”之景。

经历了颠沛流离、千辛万苦之后，杜甫一家终于过了洪水泛滥的三川地区来到鄜州，将羌村作为暂时的居住之所。至此，在安史之乱大背景下一个普通人的流亡之路正式画上了句号。

也正是这种俯身民间、亲近百姓的态度和经历，让杜甫得以从十年旅居京华的生活中跳脱出来，近距离地窥视真正的平凡人的日常生活，各种辛酸苦辣都化作杜甫笔下激情四溢的文字，拷问着当时的统治者，警醒着后世的人。

经过流离的苦，杜甫和他的诗，浴火、成神。

直至此时，经过现实主义精神的浸润，杜甫的忧国忧民之心日益雄厚，达到前所未有的高度和深度，他正在以独特的方式，将一腔热血挥洒在历史的丰碑上，将“杜甫”二字镌刻在唐代诗歌的青史上。

#“旅游达人”李白病卧小城客栈　异常落魄

阅读 7338.2 万　讨论 1.1 万　详情 >

大唐密探

主持人

导语：李白仕途不顺，就开始做起了“旅游达人”，一边旅游，一边写诗。近日，有网友在一淮南小城发现了李白的身影，其形影落魄，疑似患病。

八卦果果

6 小时前 来自 唐博 tangbo.com

李白可是诗界“大神”，不知道他经历了什么，怎么会如此落魄？希望他赶快好起来。

#“旅游达人”李白病卧小城客栈　异常落魄 #

201　326　3641

吃瓜专业户

3 小时前 来自 唐博 tangbo.com

李白当初仗剑走天涯，意气风发，一身侠气，何等的潇洒。“大神”，希望你能快点振作起来，我们都在等着你。

#“旅游达人”李白病卧小城客栈　异常落魄#

205　306　461

机智的糖瓜

10 分钟前 来自 唐博 tangbo.com

很难想象李白“大神”会如此落魄，他向来是个洒脱的人啊！希望“大神”早日康复，走出失意，期待新作！

#“旅游达人”李白病卧小城客栈　异常落魄#

95　107　320

天才也有落寞时，李白病重神形落魄

众所周知，李白是个天才。天才能创作出伟大的作品，但天才并不一定能走好仕途。所以，仕途不顺的李白，选择做个“旅游达人”。一路上，他广交朋友，也积累了许多粉丝，成了知名“达人”，名气越来越大。

当然，这一路上他也创作了无数优秀的作品，成了一位高产诗人。

他笔下的庐山瀑布大气磅礴带着袅袅仙气。“日照香炉生紫烟，遥看瀑布挂前川。飞流直下三千尺，疑是银河落九天。”香炉、紫烟、银河、九天，一道瀑布在水底激起千层浪，也在他的心底溅起了浪漫的遐想，直达九天，摘下了银河。

他笔下的天门山，动静相应，孤独，也壮美。“两岸青山相对出，孤帆一片日边来。”三言两语，轻轻勾勒，便是绝美人间。山色青黛，落日下一叶孤舟，翩翩而来，载着诗人的思绪，载着那些说不尽的人间故事。青山、落日、孤帆，寻常的景致，在他所构建的诗的国度里，打破了时间的秩序，活了千年。

在金陵，他写过一首《金陵酒肆留别》。“风吹柳花满店香，吴姬压酒劝客尝。金陵子弟来相送，欲行不行各尽觞。请君试问东流水，别意与之谁短长？”他的真情如流水，滔滔流水和离别的情绪交错而生，诗里没有离别的凄美与感伤，而是洋溢着酒宴上的欢愉。

南宋　梁楷《李白行吟图》

在苏州，他所作的乐府诗《乌栖曲》也带给世人极大的震撼。“姑苏台上乌栖时，吴王宫里醉西施。吴歌楚舞欢未毕，青山欲衔半边日。银箭金壶漏水多，起看秋月坠江波。东方渐高奈乐何！”一字一句都是真知灼见。

对于风景、政治、人生，李白总有着敏锐的触觉。在山川壮美的吴越大地之上，他留下了许多脍炙人口的壮丽诗篇。

仗剑天涯，一直是李白的梦想。所以，他一路前行，一路寻觅，走走停停，写了不少诗，在各地都留下了潇洒的身影。

可是，“大神”也有落魄时。

开元十六年（728年），肃杀寂冷的寒秋一夜间生吞了这座淮南小城。长街外，秋风沾着冷雨，撕碎了满街的花叶。行人稀疏，弯腰撑伞，步履匆匆。黑夜悄无声息地将世界拖入深渊。

街边一间简陋的客驿旅馆里，李白步履蹒跚地走到窗前，瑟缩地推开木窗。一阵风雨猛烈地拍打着木窗，扑湿了他肩头的长衫。寒气入骨，直抵心湖。

他站在窗前，往日的潇洒飞扬，在眉眼之间淡了几分。他没有想到，在远行之时，会病倒在这座小城。一场大病已经缠绵数日，一直没有好转，这让他心急如焚。

再乐观的人，也会有哀愁心事；再潇洒的人，也会有寂寥之时。

寒风、秋雨、冷夜；病痛、异乡、孤身……周身的一切，正在试图一点点地拔光他的傲气、他的不羁、他的无所畏惧。

夜深了，他拖着疲惫的身躯回到床上，拥着冰如寒铁的薄被，昏昏沉沉地睡去，一不小心跌入梦里。

梦中，他还是眉目清朗的少年，青衫磊磊，器宇轩昂。他手持长剑，在林间舞动。他仗剑天涯，无数次登高远望。孤身一人，游历在这飘零的世间。他踏过庐山上陡峭狭窄的羊肠小道，又仰望过庐山瀑布的壮美磅礴；他到过霞光璀璨的金陵凤凰台，尽情地吟咏。

梦中，他似乎又重走了一遍自己曾经走过的路。他一路游览，自古都金陵，向东南去苏杭、越州、台州，东至东海，复而北上，扬州的经历不断浮现于梦境中。有奇俊风光，有一张张熟悉又陌生的脸庞，有恶言恶语，也有知己情谊……这所有的一切，如潮水般涌来，让他的呼吸变得急促，又猛然惊醒。

他挣扎着坐起，拭去额头的冷汗，好一阵儿才镇定了心神。窗外的风雨稍歇，一阵阵丝竹声轻渺渺地游入耳畔。想必风雨安宁，周围的酒家又热闹起来，那些按捺不住寂寞的人，三三两两地相聚在一起，把酒言欢，游戏人间。世界渐渐热闹，恢复了人气。可此时的李白却坐立难安，因为他的心底有太多的意难平。

他想起那年师从赵蕤，读《长短经》，习纵横术，日日勤学苦读。曾与师父畅谈理想，希望有朝一日能为大唐效力，扬先人之万古宏图，建功立业，扬名四海。

想当初游历长江，拜访金陵之时，李白也曾振臂一呼高朋满座。他为人洒脱不羁，又喜结交市井豪士，文思敏捷，仗义轻财，颇受大家的追捧与喜爱。《上安州裴长史书》中说："曩昔东游维扬，不逾一年，散金三十余万，有落魄公子，悉皆济之。"可见李白的慷慨侠义。不料他身上的钱花得所剩无几后，一场大病叫他看清了这人世间的人情冷暖。

"我本不弃世，世人皆弃我"，所谓称兄道弟的情义，还够不上红尘里一句暖心的问候，一句衷心的祝福。

一转眼，数年已过，前路漫长，归期无期，他被困在这座小城，举目无亲，朋友全无。那些在得意时所谓的朋友不见踪影，真正的知己，四散天涯，在各自的人生轨迹上奔走。

此时此刻，他如此渺小，如同尘埃，如同那不遇高士的名琴虚掷于匣内蒙尘，无人弹奏；如同那肃杀寒烈的利剑空挂在墙

元　赵孟頫《蜀道难》（局部）

上，沉默无声。

复杂的情绪在胸中来回激荡。他取笔研墨，写了一篇《淮南卧病书怀寄蜀中赵征君蕤》（本书引文有删减）：

吴会一浮云，飘如远行客。
功业莫从就，岁光屡奔迫。
…………

远离的游子，就如同吴会之地的一朵浮云，漂泊孤独，无所依靠。眼见着光阴飞逝、功业未成，却只能独自在这寂冷的雨夜面对萧索风景，胡思乱想。他在现实世界里的一隅抱病悲愁，在自己的心灵空间放声呐喊。从眼前的旅馆、秋夜，到内心深处的理想、愁怀，一股脑儿地宣泄而来。

隐士赵蕤收到亦徒亦友的李白的诗后，特别担心，他太明白这徒弟的执拗脾气，李白才高，但容易犯轴！

他思之再三，竟不顾家人劝阻，乘船去找李白。七十多岁的老人家，来了一场说走就走的旅行。家人担忧路途遥远，行程颠簸，赵蕤这把年纪会经受不起。果不其然，途中，赵蕤生了一场大病。

李白得知师父为他所做的一切之后，大为感动，立马振作精神，去信劝阻，信中说自己病情已大好，劝解师父万万珍重身体，不必再为自己奔波劳苦。赵蕤收到李白的来信后，很是欣慰。从书信的字里行间，他看出这个徒弟已走出了消极情绪，走出了病势的阴影。他拈须微笑，放心地乘舟返回故土。

因着赵蕤的鼓励和义举，李白振作起来，有了精神头儿。他听从医者的劝诫，耐心调养身体，之后，这场缠绵已久的大病终于退出了诗人的生命历程。

李白经此一病，觉得整个天地豁然开朗。粉丝们也大为欣慰，“大神”，终于“支棱”[19]起来了。

节度使韦皋提议由薛涛担任校书郎

阅读 5509.4 万 讨论 3757 详情 >

大唐密探
主持人

导语：薛涛，字洪度，乐籍，才学出众，是著名的女诗人。节度使韦皋向朝廷申请授薛涛以秘书省校书郎官衔，消息一出，引发热议。

八卦果果
7 小时前 来自 唐博 tangbo.com

一直就很喜欢薛涛的诗，加油，支持薛涛！无论朝廷批不批，薛涛都是我心中的女校书。

节度使韦皋提议由薛涛担任校书郎

231　1046　1.4 万

吃瓜专业户

1 小时前 来自 唐博 tangbo.com

韦皋提议让薛涛做校书郎，这事注定成不了，因为不符合制度。但这应该是对她非常高的认可了，因为元稹、白居易、杜牧、柳宗元都曾做过校书郎。而薛涛本是女子，还是官妓身份。韦大人有此提议，证明他非常认可薛涛的才华。

节度使韦皋提议由薛涛担任校书郎

136　186　325

机智的糖瓜

15 分钟前 来自 唐博 tangbo.com

校书郎虽只是个九品官，但不是一般人能做得来的，一般是进士出身才有任职资格，而且自古以来都只授予男子。薛涛，没戏！

节度使韦皋提议由薛涛担任校书郎

30　95　107

独家揭秘官妓薛涛的成名之路

薛涛八岁时的一个傍晚，她与父亲坐在梧桐树下乘凉。

父亲说：“庭除一古桐，耸干入云中。”

她眨了眨眼睛，轻松对出下句：“枝迎南北鸟，叶送往来风。”

那一刻，她看到父亲的神情又喜又忧。

父亲喜的是，她已经成长为一个通音律、懂辞赋的小小才女。他带领女儿自小学习四书五经、琴棋书画，就是希望她可以无限接近幸福。在当时的时间维度下，通往幸福的途径，就是嫁给一位青年才俊。薛涛的容貌与才情，显然具备了这样的条件。

忧的是，女儿的诗句中竟然透露着命运飘摇之意。自己虽只是一个小吏，但还是希望家人受到最好的保护。女子总要有枝可依，方可避免一生随波逐流。

薛涛尚不懂父亲的思绪，在长长的沉默中，他们一起看着叶子沙沙晃动。

多年后，薛父因得罪权贵被贬，不久暴病而亡。

看着病倒在床上的母亲，薛涛仿佛看到了命运挥舞的指挥棒。她在布告栏前伫立了许久，最终揭下了招募乐妓的那张薄纸。

成为乐妓的女子，都有各自的身不由己。这件事对薛涛最大的考验，是她必须学会接受巨大的心理落差。乐妓大多家贫，而她却是从云端上跌落下来的。如果说幸福就是觅得佳偶，那么，或许她一生都很难幸福了吧。

通透的薛涛很快就想得很清楚，与其悲悲切切，不如面对现实。既然爱情和安稳都是奢望，那又何必庸人自扰。与母亲一起好好活下去，是她唯一的信念和愿望。

深厚的文学和艺术修养，成为薛涛的优势。很快，她的名声就在蜀地传播开来。众人皆知，有位名为薛涛的乐妓才貌双全，众多男子都想一睹她的芳容。

才名远扬之下，与薛涛把酒言欢的人，已经不乏白居易、杜牧、刘禹锡这样的文坛名士。

而影响她命运的，是剑南西川节度使韦皋。

韦皋比薛涛年长三十余岁，论名望地位，论才华气度，都是“男神”级别的人物。他读到薛涛的《谒巫山庙》，一句“惆怅庙前多少柳，春来空斗画眉长”，令韦皋拍案叫绝。

这个“治蜀二十一年，数出师，凡破吐蕃四十八万”的男人，虽然阅人无数，却从没见过如此佳人。

薛涛也没能抵御住韦皋身上如父如兄又如伴侣般的温情，心甘情愿长留韦府，成为一名官妓。

然而，这种生活并不是薛涛向往的归宿。虽然以她卑微的身份，无法堂堂正正成为站在韦皋身后的女人，但谁说女子不能靠才华生存，展现如男子一般的见识与智慧呢？

韦皋从未见过这样不卑不亢的女子，不免对她刮目相看，不仅让她时常相伴在侧，还放手让她处理些公文。悄悄观察后，韦皋暗自惊叹。

这个女子无论是对诗谈艺，还是处理文书、商谈国事，都不逊色于男子。于是，他也做了石破天惊的大胆尝试，提议让薛涛担任“校书郎”。

这件事的最终结果，当然是不了了之。

“校书郎”只是九品，虽不算高位，但历来需要进士出身才可以担任。一介女子，又是官妓，若真当上校书郎，成何体统?

不过，因为这件事情，薛涛的才名更加远扬，已然成为众才子心目中的“女校书”。

韦皋主政四川的那段日子，薛涛功不可没。

这让她第一次意识到，女子的幸福并不一定要靠婚姻来获得。虽然步步艰难，但她依然愿意努力活成自己喜欢的模样。

当所有的官妓都将时间用来取悦官家的时候，只有薛涛点亮了苦读的烛光。宴席过后，繁华皆化成虚无，只有笔耕不辍，是她破茧的一次次演习。

容颜之美，只能换来刹那青睐；灵魂之光，才能赢得永久尊严。

不过，薛涛还是高估了男性的胸怀。

随着她的才名越来越高，很多官员开始动起了小心思，为了求见韦大人，他们送上钱财求薛涛引见。薛涛每次都如数收下，但她并非贪恋财物之人，所收财物都全数交给韦皋，但在男人的棋局上，这样的形势还是惹恼了韦皋。

种种原因加在一起，她被韦皋发配到松州。

这件事给了薛涛当头一棒——你以为荣宠之下，命运就掌控在自己的手上吗?

在荒凉之地，她写了一组《十离诗》来表达悔意。

“驯扰朱门四五年，毛香足净主人怜。无端咬着亲情客，不得红丝毯上眠。”

骄傲如薛涛，还是低下了头。

她被韦皋召回府中。此刻的她，一心想要摆脱束缚与规则。只有这样，才不枉她以尊严作为昂贵的代价。

她请求韦皋为自己解除官妓身份，她愿意从此远离韦府，不受俸禄，拒绝恩惠与保护，独自游荡红尘。

这样的魄力，令韦皋震惊。他沉吟许久，还是选择了成全，两人从此以兄妹相称。

重获自由之身的薛涛搬到浣花溪畔，在院子里种满枇杷，从此不再为任何人强颜欢笑，只为自己肆意而活。

时间自由的薛涛，不久就获得了金钱自由。

除了出售作品，她还发明了一种纸笺，用了“浣花溪的水，木芙蓉的皮，芙蓉花的汁”，再压上各种花瓣，名为“薛涛笺”，被奉为“古今绝艺”。

她开始创作大量诗作，奠定了其传世的文学地位。

凡文人才子到达蜀地，几乎都要登门拜访。此外，依靠着强大的朋友圈，薛涛的感情生活也拥有诸多选择。

父亲当年在梧桐树下的心愿，她是完全可以实现的，但此刻的她对爱情有了全新的期待。

那时女子嫁人，都是为了寻得安稳生活。而对她而言，却是为了心意相通，彼此相看两不厌。

因为已经足够强大，因此与“被保护”相比，她最想遇见的是“懂得”。

才子元稹，满足了薛涛的“懂得”。

元和三年（808 年）三月，监察史元稹奉命来成都视察，与薛涛相遇。

虽然她比元稹大十一岁，可这当然不是爱情的阻碍。这一次，她感受到的是两颗心的跳动，不掺杂任何其他目的和意义。

短短三个月的相处，已经酿成了可以回味一生的蜜。

元稹很快调离蜀中，她留在原地等待。

“花开不同赏，花落不同悲。欲问相思处，花开花落时。”一首《春望词》，道尽相思无数。

为了三个月的厮守，她独自等待了十余年。

然而，那个写下了“曾经沧海难为水，除却巫山不是云”的深情男子，并没有留给她可依靠的坚实臂膀。离别过后，他再也没有回头。

他对崔双文始乱终弃，还写成风流逸事继续消费对方；他表面对妻子情深义重，却不断和其他女子海誓山盟。

对于薛涛，他迷恋的只是那片刻的“体验”和“懂得”。对他而言，这是一场风月，他从来没打算娶一个大自己十一岁又做过官妓的女人。

一个铭心刻骨，另一个早已挥了衣袖。只可惜这个答案，薛涛等了十几年才醒悟过来。

梦醒时分，她选择自绝红尘，点燃孤灯，将一袭红衣变成一身灰色道袍。

搬离浣花溪后，她在碧鸡坊建起一座吟诗楼，安静度过余生，与自己达成和解。

人们传诵她的诗句，使用她的纸笺，赞叹她的书法有羲之遗风，将她与卓文君、花蕊夫人、黄娥并称为“蜀中四大才女”。《全唐诗》中，一共收录了她的八十九首诗。唐代的盛世余晖下，又多了一抹婀娜的风采。

社会

大唐的鲤鱼

玄奘法师入住大慈恩寺 其西行合法性受质疑

阅读 7502 万　讨论 5327　详情 >

大唐密探
主持人

导语：玄奘法师返回大唐，受到了皇帝的最高礼遇，当朝宰相接风，皇帝亲自接见，而玄奘法师的传奇经历更是在坊间传开。

八卦果果
4 小时前 来自 唐博 tangbo.com

玄奘法师太牛了，历经磨难近二十年，一心求法，为我们带来大量珍贵的佛经典籍，真是太让人感动了。

玄奘法师入住大慈恩寺　其西行合法性受质疑

106　332　741

吃瓜专业户

2 小时前 来自 唐博 tangbo.com

玄奘法师终于迎来了人生的高光时刻，这些年他真的太苦了。当年算是偷渡出国，差点儿被扣留，好在如今功成名就，没辜负那些年的努力。

玄奘法师入住大慈恩寺　其西行合法性受质疑

94　301　621

机智的糖瓜

30 分钟前 来自 唐博 tangbo.com

玄奘法师当年的确是非法出国，据说玄奘法师在西域受到了高昌国的礼遇，高昌国国王有意留下玄奘法师，玄奘法师却以绝食表明心意，才得以继续西行，终成正果。太值得敬佩了！

玄奘法师入住大慈恩寺　其西行合法性受质疑

62　130　264

玄奘法师回归大唐，各路人马蜂拥而上

贞观十九年（645 年），玄奘法师带着大量的经书典籍重归故土，受到了极大的礼遇。

当朝宰相房玄龄准备了盛大的欢迎仪式，为他接风洗尘。

太宗皇帝亲自接见，连续多日与他促膝长谈。

玄奘法师又先后被安排进了弘福寺和大慈恩寺。

在这种待遇之下，玄奘法师被迅速推向风口浪尖，成为当时最有名望的男人。玄奘法师的传奇过往，也在坊间传扬开来。

《玄奘三藏像》

一时间各路收到消息的人马蜂拥而上。

有人日夜兼程，赶了几十里路，只为沾一沾佛光，一睹大师真容。

有人说法师是跨界奇才，尊称他为学者、翻译家、外交家、探险家。

有人说法师是天选之子，取经路上千难万险，到处都是妖魔鬼怪，能活着回来，那肯定是有神仙庇佑。

也有人轻蔑一笑，你们的玄奘法师，当年可是个偷渡客，我手里可是有实锤的。

舆论的风头变来变去，玄奘法师心静如水。

十九年的风云往事，都化作云烟，是对是错，他无意辩驳。但他走过的路，不会就此埋没。

玄奘法师生于官宦世家，世代承袭儒学，年幼时父母离世，再加上隋朝末年，战火缭乱，他最终入了佛门，求内心的平静，求普度众生苦厄。

为了钻研佛法，玄奘开始行万里路，只为读万卷书。而在游学的过程中，他吸收到了越来越多的佛法，却也越来越感到迷惑。当时的佛法众说纷纭，各家说法难以达到统一。

后来，大唐建立，重整山河，万象更新。玄奘也开始了他的大计划，他要去佛的故乡求取真知，到印度求取弥勒论师之要典《瑜伽师地论》真经。

要做这件事，必须得到官方的支持。

一来，出国是件大事，最起码需要通行证。尤其是到印度求法，往大了说，这算得上是件外交活动。

二来，大唐初建，百废待兴，大唐的佛法也同样需要整肃，需要深化。到印度求取真经，无疑是件利国利民的好事。

三来，若是能有国家的政策和资源支持，这事就成了。

所以，一腔热血的玄奘觉得，这事，稳了！

于是，在贞观元年（627 年），玄奘集结众多僧侣人士向当时的皇帝唐太宗陈情上表，可结果却和他的期待有很大出入。

因为在此之前，谁也不曾真正去开拓过西行的道路，究竟将面临一个怎样的未知世界，将带来怎样的结果，这些疑问和忐忑让唐太宗断然拒绝了玄奘的西行请求。

玄奘先后三次请求允许自己西行求法，还是未能得到允许。

也就是说，对于西行取经这件事，朝廷并不支持。朝廷不支持，那就是最大的阻力。

玄奘去意已决，他秘密策划着这一伟大的创世之举，“冒越宪章，私往天竺”。

贞观三年（629 年），是一个伟大的开始。玄奘将生命安危抛于脑后，怀着坚定的信念，踏上了西天取经之路。而他这一走，便是十九年的春夏秋冬，一百多个国家的辗转颠簸，五万里的峥嵘历程。

理想中的佛法外交，变成了一个人的万里求法。

出家人本身过得清减，没什么财物傍身，尤其是越往西走越荒凉，风餐露宿成了家常便饭。对他而言，最大的问题是，如何出关。

当玄奘来到河西走廊的门户凉州时，心中忐忑不安。

因为当时大唐与突厥局势紧张，所以凉州城戒备森严。于是，他在这里一边弘法，一边等待最佳时机。

可是，还没等到那个合适的机会，就有人向官方告发，宣称玄奘意欲非法西行，当地长官立刻把情况报给国都长安。

幸而当地的佛教领袖被玄奘的执着感动，派了两名僧人护送他离开了凉州城。而当玄奘来到瓜州之后，仍是面临同样的困境，当时瓜州战事紧张，管得更严，并且凉州的通缉令已下，玄奘随时都有可能被抓。

正在玄奘焦灼之时，一个叫李昌的地方官员找到了玄奘。他拿着一份发自凉州的官牒，官牒上写明了要通缉擅自偷渡的僧人玄奘。

元　王振鹏《唐僧取经图》

玄奘的心凉了，李昌却把手里的通缉令给撕了。

李昌是一位虔诚的佛教徒，他没有拿玄奘去邀功，而是告诉他：大师，快跑！

玄奘最终成功出关，是在一个信奉佛法的胡人石磐陀的帮助下达成的。

出关后，就是漫漫征途，以及人世间数不清的酸甜苦辣和丰富多彩的故事。

西行之中，玄奘的高昌国奇遇值得一提。玄奘来到边境之外的高昌国，出于各种原因，高昌王对玄奘的西行之举并不赞同，又或者说，高昌王发现了玄奘法师是个人才，想留为己用，话也说得直白，“大师务必留下，否则只能遣返大唐”。

要么留下当法师，要么回到大唐当个偷渡的罪犯。

但佛家弟子的信念，怎么会被俗人的套路轻易折断。

玄奘法师不哭不闹，也不吃不喝。

高昌王慌了，对玄奘的敬意也更高了。最后，他决定以最大的力量来支持玄奘西行，成全法师的夙愿。玄奘也答应，求得真经之后，将在高昌国讲经三年。

在历尽千难万险后，玄奘终于抵达了那烂陀寺，拜在寺内著名的百岁高僧戒贤法师门下，刻苦参研佛法。

孤独的童年，迷茫的青春，艰难的历程，经历了大半生的风雨颠簸，他终于找到了心中的那盏明灯。

在这几年间，他学通了经藏、律藏、论藏，也因此被尊称为“三藏法师”。

而这位“留学僧”在学成之后的第一个念头就是，回归故土。

可此时，对大唐而言，他仍是个偷渡的罪犯，但他管不了那么多了。

玄奘在返程的途中再次写了一封信给当时的太宗皇帝李世民，并表示自己携带了大量佛经、佛像回国，希望太宗皇帝能原谅自己当年偷渡的罪过。

终于，在七个月后，他收到太宗皇帝的回信：“卿可即速来，与朕相见。”

半生游历，终偿所愿。

李白公开宣布婚讯　二次入赘相门

阅读 5766 万　讨论 2.1 万　详情 >

大唐密探

主持人

导语：诗圈“大神”李白与宰相宗楚客的孙女宗氏喜结连理。这也是李白第二次入赘相门，被网友调侃为“最强赘婿”！

八卦果果

3 小时前 来自 唐博 tangbo.com

风流才子谁不爱，李白“大神”竟然又结婚了，据说他和宗氏的爱情特别甜，撒花！祝福！

李白公开宣布婚讯　二次入赘相门

301　　425　　1.5 万

吃瓜专业户

49 分钟前 来自 唐博 tangbo.com

李白二次入赘，仍旧是宰相之家，不免让人对其婚姻目的生疑。李白的情史很丰富，但一直不是很稳定，希望这一次他们能相伴一生，幸福到老！

李白公开宣布婚讯　二次入赘相门

240　346　510

机智的糖瓜

33 分钟前 来自 唐博 tangbo.com

李白二次入赘相门纯属巧合，因为他向来不屑攀附权贵，天子他都不放在眼里，何况是宰相。李白与宗氏是真心相爱的，据说宗氏是李白的粉丝，二人情投意合。

李白公开宣布婚讯　二次入赘相门

39　302　421

深扒史上最强赘婿李白的情史

李白“大神”又结婚了！

粉丝们奔走相告，扒他们的情感故事，聚众八卦。

最初有人质疑，李白再娶相门姑娘，目的不纯。因为他的上任妻子是前宰相的孙女，他做的是上门女婿。这一次的婚姻，与上一次如出一辙。同样是和宰相的孙女结婚，同样是做上门女婿，只是他的妻子换成了宗氏。

但是听说了他们的感情故事之后，众人不禁纷纷拍手叫好，直呼“太甜了！太上头了！”

李白和宗氏相识于一首诗。

事情是这样的：有一天，李白去梁园赴一场酒局。席间，他和朋友们吃吃喝喝唱唱歌，一高兴就喝高了。解完手，一抬头看到眼前这块墙壁干干净净的，他忍不住想要在上面写点儿什么。于是，他大笔一挥，就写下了千古名篇《梁园吟》。

随手一篇，就是传世名作，但这对李白而言，已经是基本操作。李白走后，梁园的工作人员不识人，骂骂咧咧想赶紧擦掉。恰巧这时候宗家小姐路过，看到墙壁上的诗，忍不住尖叫：“这是谁写的诗？写得这么好！”

为了不让这首诗被擦掉，宗小姐发挥了一下富家小姐的“钞能力”，重金买下了这块墙壁。

这种大手笔“应援”偶像的举动也迅速被传开，并传到了李白的耳朵里。李白听了也十分感动，于是两个人见了一面。这一见面，越聊越投缘，他们就这么自然而然地陷进去了！

粉丝嫁给偶像，这绝对是励志典范。两个人婚后也的确度过了一段幸福时光，只可惜后来安史之乱爆发，李白卷入了政治斗争的旋涡，被牵连流放夜郎。二人被迫分开，从此天各一方。

李白与宗氏官宣结婚，他的过往情史也被扒了出来。从严格意义上来讲，宗氏算是李白的第二任妻子，第四段感情。

李白的第一任妻子是前宰相许圉师的孙女，据说这段婚姻是经人介绍的。李白家里经商，虽然不是什么名门贵族，但是他的才华却是一张闪亮的名片。凭借这张名片，他成了许家的赘婿。婚后，他和妻子度过了一段幸福的时光，妻子贤惠持家，为他生儿育女。

只是，幸福的生活并没有拴住李白渴望流浪的心。于是，他迈开脚步，丈量山河，寻找人生的意义，寻找心中的诗意。

李白仕途上一筹莫展，但一路走走停停，结交了不少好友，也涨了不少粉丝。而妻子常年操劳，累出一身病，最后撒手离世。

有才华、会写诗的李白自然少不了桃花运。许氏去世一年后，李白又和一女子刘氏在一起，这一次他们没有正式结婚。有了家庭做后盾，李白又一次按捺不住流浪的心，重新上路，旅游、喝酒、写诗……

一段时间之后，刘氏就和李白分手了。的确，李白算不上是个合格的丈夫，并且一直仕途不顺。据说刘氏对李白颇有看法，多少有点儿瞧不起的意思。这一点在李白的《南陵别儿童入京》中，能寻到些蛛丝马迹。

白酒新熟山中归，黄鸡啄黍秋正肥。
呼童烹鸡酌白酒，儿女嬉笑牵人衣。
高歌取醉欲自慰，起舞落日争光辉。
游说万乘苦不早，著鞭跨马涉远道。
会稽愚妇轻买臣，余亦辞家西入秦。
仰天大笑出门去，我辈岂是蓬蒿人。

“会稽愚妇轻买臣”，其中多少影射了自己有着和朱买臣一样被妇人轻视的境遇。

和刘氏分手之后，李白又与山东当地一个妇人在一起了。两个人情投意合，还在山东当地买了房，此女子还给他生了个儿子。只可惜，五年后，此女子因病去世，李白又恢复了单身，直至遇到宗小姐，他又走进了第四段感情。

李白的情路和仕途都很坎坷，但他仍旧是大唐最闪耀的星。多年后，在历尽人生沉浮、大喜大悲之后，李白才真正找到了自己的人生归属。在诗的国度里，他可以捧着一壶酒，醉倒在花间，可以举杯邀明月，翱翔于九天。脱去一身世俗羁绊，撞破了时间和空间的束缚，才真正地活成了“诗仙”。

唐　李白《上阳台帖》（局部）

#《悯农》作者李绅“人设”崩塌　被曝生活奢靡

阅读 1378.8 万　讨论 3242　详情 >

大唐密探
主持人

导语：李绅去世，其往事被扒。这位曾经写下《悯农》的诗人，发迹之后，结党营私，生活奢侈，曾一手炮制“吴湘冤案”。发迹前后反差极大，令人唏嘘。

八卦果果
9 小时前 来自 唐博 tangbo.com

我的“房子塌了”！“春种一粒粟，秋收万颗子。四海无闲田，农夫犹饿死。”我一直以为能写出这样诗句的，一定是两袖清风、悲天悯人的儒雅诗人，真没想到却是个骄奢淫逸的腐败官员。

#《悯农》作者李绅“人设”崩塌　被曝生活奢靡 #

109　254　429

吃瓜专业户

1 小时前 来自 唐博 tangbo.com

太讽刺了，听说李绅喜欢吃鸡舌，一盘鸡舌要杀掉三百多只鸡。他吃鸡舌的时候，不会想到自己曾经写的“农夫犹饿死”吗？

#《悯农》作者李绅“人设”崩塌　被曝生活奢靡#

169　352　774

机智的糖瓜

31 分钟前 来自 唐博 tangbo.com

知人知面不知心。听说李绅是刘禹锡大人的粉丝，李曾设宴款待刘禹锡大大，请他作诗。刘禹锡大人勉强答应，但在其诗《赠李司空妓》中直接挑明了李的奢靡，并表示跟他不是一路人。

#《悯农》作者李绅“人设”崩塌　被曝生活奢靡#

321　452　761

知名大V解密李绅发迹腐败之路

你一定背过这样两首诗：

“春种一粒粟，秋收万颗子。四海无闲田，农夫犹饿死。”

“锄禾日当午，汗滴禾下土。谁知盘中餐，粒粒皆辛苦。”

这是一位名叫李绅的诗人最优秀的作品《悯农》，如果不出意外的话，这两首诗会被后人背诵默写，万世相传。

这组诗写得既朗朗上口，又催泪扎心。

一字一句，像一把锋利的剑，直接刺向社会现实，剥开当时社会的贪污腐朽和对农民残酷剥削的事实，让人忍不住钦佩——作者真犀利！

能写出这样作品的诗人，一定有着一颗悲悯之心，一定是个节俭惜物之人，有着强烈的社会责任感。如果有朝一日，他能够为官从政，定会心系百姓疾苦，为百姓谋福利。

但是，你以为的只是你以为的。人世间的真实故事，往往比人们想象的更富有戏剧性。

于是，现实高能反转，狠狠打脸。

作者李绅的确当官了，但并不是我们认为的那样两袖清风、为民分忧，反而是把自己的腰包揣得鼓鼓的，把生活过得纸醉金迷，极其奢侈。

这一切还要从李绅的出身说起。

李绅的出身还不错，算是个官后代。他的祖父当过宰相，他的父亲做过县令。他出生之后，日子过得也还可以。李绅六岁时，其父亲过世，李绅的生活质量急转而下，和母亲艰难度日，吃了不少苦头。也正是从那时候开始，他深入社会底层，看尽人间冷暖。

那段苦日子酝酿了他创作《悯农》时的悲悯情绪，也激发了他的创作斗志。

读书改变命运，唯有勤学苦读才能彻底翻身。

所以，李绅刻苦学习，等着实现人生的逆袭。

二十七岁那年，李绅参加全国统一“高考”，顺利地考取了进士，走上了仕途，成了大唐国子监的助教。

初入职场的李绅，满腔斗志，一身热血。他痛恨社会腐朽，心系百姓疾苦。

所以，他这种忧国忧民的情，与才情碰撞，成就了传世名作《悯农》。

《悯农》一出，不仅得到了文人雅士的称颂，更得到了老百姓的支持。

李绅这位才子真有心，痛批社会的黑暗，为我们老百姓发声。

创作出了好诗，这本该是件好事。可没想到，这个刚正的职场新人还没来得及一展拳脚，就因为得罪了权贵，被送进了局子，吃了不少苦头。甚至有人拿着《悯农》这两首诗借题发挥，向皇帝打小报告，控诉他污蔑朝廷。

皇帝读了那两首诗之后，没想到李绅的命运又来了一次高能反转。唐武宗看了李绅的诗句，忍不住点赞。这个叫李绅的年轻人，不仅诗写得好，更懂得体恤百姓，这样的人值得重用。

于是，这两首《悯农》从诬陷朝廷的罪证，直接变为了职场晋升的通行证，让李绅快速向权力中心靠拢。

起起伏伏，福祸相依，这大概就是人生。

靠近权力中心，意味着拥有了更大的权力，也就更靠近政治的旋涡。李绅在从政的关键时期，碰到了“牛李党争”。作为“李党”之首李德裕的好友，他会不自觉地维护好友的利益，也在不知不觉中站到了“李党”的队伍中。

历朝历代的党争基本都是那些套路，没有什么新鲜事。在这里，我们要说的是，李绅的转变。

在潜移默化间，聪明敏锐的李绅学会了拉帮结派，依附权贵，也渐渐忘记了自己的初心。他开始大吃大喝，大搞排场，忘记了盘中餐里的“粒粒皆辛苦”，忘记了“犹饿死”的农夫，享受着大鱼大肉，珍馐美馔。每一顿饭，都要满足自己的喜好，并彰显自己的身份。

李绅有一段时间爱上了吃鸡舌，要凑够一盘鸡舌，就要杀掉三百多只鸡。因为喜欢，安排。

以前他珍惜每一粒米，现在他最在意的是排场。说到这儿，就不得不提一个著名成语“司空见惯”。

这个成语我们都熟悉，指的是某件事情比较常见，不足为奇。而这个成语的贡献者，就是李绅。司空是李绅当时的官职。这个故事，还要从一次宴会说起。

李绅也追星，他的偶像是著名的大诗人刘禹锡。而刘禹锡官运不佳，一直被贬在外。李绅只能一遍又一遍地读“大神”的作品，渴望有朝一日能见到偶像。

终于，在刘禹锡被贬十年后，被召回长安。小粉丝李绅多番邀请，并在家中大摆筵席，以最高规格迎接偶像。

美食、美酒、美人，样样都不能少，酒过三巡，李绅就开始给偶像吹彩虹屁，搞深度交流。

李绅乐在其中，但刘禹锡却非常不适应。他的人生路走得曲曲折折，过惯了清苦的日子，更注重精神生活。所以，眼前的珍馐美馔、歌舞表演，他的确是没多大兴致。

兴奋的李绅沉浸在宴会的氛围里，只把刘禹锡的不适应当成“大神”的高冷，更是努力找话题，希望自己仰慕多年的大诗人能赋诗一首。

刘禹锡并没有吝啬笔墨，但他只想真实地表达自我，于是吟诵了一首《赠李司空妓》：

高髻云鬟宫样妆，春风一曲杜韦娘。
司空见惯浑闲事，断尽江南刺史肠。

“司空见惯”这个词，也由此诞生。

刘禹锡遵从本心，表达了自己的感受。尤其是最后两句直白地表明了自己的立场，李司空已经见惯了这奢靡的场面，但是他不习惯，也消受不起。

也许当年那个写下《悯农》、心怀百姓的李绅，还可以和刘禹锡一起谈人生、谈理想，有共鸣也有共情。但这个在政治的大染缸里浸泡了太久的李绅，已经丢失了自己的初心。

心系天下的刘禹锡被贬了大半辈子，而腐朽、奢靡的李绅却凭着精明的算计，最后拜相。人生有时候就是这么讽刺和荒唐。

李绅把对百姓的悲悯抛得干干净净，把官僚主义的劣习演绎得淋漓尽致。

李绅身上还发生过这样一件奇葩事。《云溪友议》中记载，李绅还没当官、还是个努力奋斗的小伙子时，他经常去李元将的家中做客，并叫人家李叔叔。但自从他当上官之后，完全不念旧情。后来李元将为了巴结他，主动降了辈分，自称为“弟”、为“侄”，可李绅并不买账。李元将咬了咬牙，又把自己降到了孙子辈，才和李绅攀上关系。

混迹官场多年，李绅学了不少政治手腕，还一手炮制了“吴湘冤案”，这也成为他一生都洗不去的污点。

从某种意义上来讲，李绅很成功，通过读书改变了命运，一路升级，做了朝中要员。

但从另一个角度来看，李绅又很失败。那年，他为贫苦的百姓提笔写下《悯农》；多年后，他戴着高高的官帽剥削百姓，不知不觉间，他活成了自己曾经最厌恶的人。

会昌四年（844 年）四月，七十二岁的李绅中了风邪，病情越来越严重，后来不能上朝办公，基本上算是退休了。会昌六年（846 年），李绅病逝。

不知临别人间时，他心中可有悔恨。

多地出现了大量盗版历书　引发民众骚乱

阅读 6377 万　讨论 5207　详情 >

大唐密探
主持人

导语：多地出现了大量盗版历书，引发民众骚乱，有人因此闹到了衙门，因为盗版历书严重影响农耕。

八卦果果
4 小时前 来自 唐博 tangbo.com

这些奸商实在太坑人了，为了赚钱不顾百姓生计。百姓依历农耕，一本历书将影响农民一年的收成。

多地出现了大量盗版历书　引发民众骚乱

459　652　1.2 万

吃瓜专业户
33 分钟前 来自 唐博 tangbo.com

盗版历书应该严肃查处，祸害百姓，其罪当诛！

多地出现了大量盗版历书　引发民众骚乱

130　55　162

机智的糖瓜
3 分钟前 来自 唐博 tangbo.com

盗版书问题值得重视，不尊重创作者，更坑害百姓，如不严厉制止，将越发猖獗，可能会引发更大问题。

多地出现了大量盗版历书　引发民众骚乱

104　62　137

奸商害人，多地出现盗版书

剑南两川和淮南几个地区的民众发生骚乱，还有人闹到衙门。经官方调查发现，竟是盗版书惹的祸。

老百姓和朝廷都是一脸蒙，奸商为了赚钱已经将魔爪伸向出版行业了。

据调查分析，盗版书之所以会在唐代开始出现，很大程度上是因为雕版印刷术在唐代被发明，并在晚唐时期大规模运用。

那时候，没有网，没电视，也不能刷手机，所以看书是人们生活中一件重要的事，这也就意味着，书是有利可图的。

后来，就出现了私自印刷历书的现象。唐文宗时期的东川节度使冯宿，就曾向皇帝奏请："准敕禁断印历日版，剑南两川及淮南道皆以版印历日鬻于市。每岁司天台未奏颁下新历，其印历已满天下，有乖敬授之道。"

意思是说，剑南两川和淮南几个地区，私自印刷历书的现象非常猖獗，必须明令禁止。事关民生，百姓种地要依历而行，一旦盗版的历书出现错误，那么必然会酿出大祸。

在僖宗朝，盗版历书果然闹出乱子来了。当时黄巢已经杀了进来，皇帝仓皇逃往蜀地。那时候，江东一带出现了很多盗版历书，错漏百出，连大小月都弄错了。老百姓拿着历书闹到衙门，而官员的回复是："尔非争月之大小尽乎？同行经纪，一日半日，殊是小事。"他们觉得大小月也就差个一天半天的，为了这点小事就闹到衙门，纯属浪费时间，浪费公共资源，竟直接把老百姓赶走了。

盗版商人可恨，而官员不管不顾也同样害人。

唐代大诗人白居易也曾被侵权，成了盗版书的受害者。当时他的诗名远播，粉丝众多，很多人都仰慕他的才华，喜欢读他的诗作。有需求的地方就有商机。在他的诗集出版之前，就有人把他的诗收集起来，在市面上销售，卖给他的粉丝，小赚了一笔。

元稹在给白居易的诗集《白氏长庆集》所作的序中，就提到“二十年间，禁省、观寺、邮候墙壁之上无不书，王公妾妇、牛童马走之口无不道。至于缮写模勒（模刻），炫卖于市井，或持之以交酒茗者，处处皆是”。由此可见，在当时有很多人用手抄或者雕版印刷在售卖白居易的诗集。

时代在发展，好的坏的，都在与时俱进。盗版书越来越猖獗，但同时官方管控力度也在加码。

支持正版，尊重原创，才是王道。

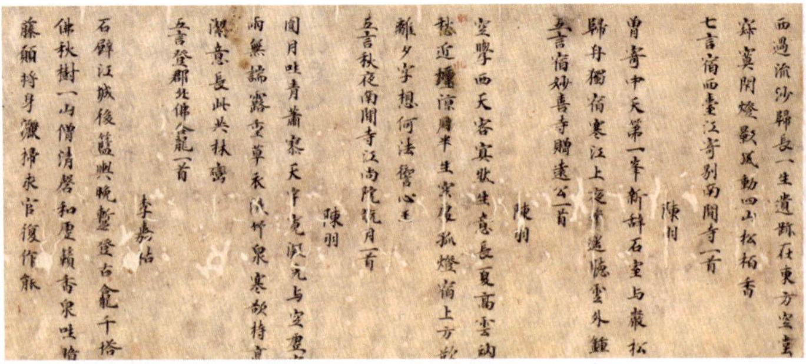
西過流沙歸長一生遺跡在東方空室
寂寞閑燈歇風動四山松柏香
七言宿西臺江寺別西閣寺一首
陳羽
曾寄中天第一峰新辭石室与巖松
歸舟獨宿寒江上遙聽雲外鐘
五言宿妙喜寺贈遠公一首
陳羽
空學西天客真狀生意長夏高雲[illegible]
愁近爐煙[illegible]半生[illegible]孤燈滿上方[illegible]
離夕[illegible]想何法響心王
五言秋夜南閣寺江南陀[illegible]月一首
陳羽
閒月吐青蕭森天宇[illegible]泯元与空[illegible]
雨無歸露生草木低竹泉寒欲持[illegible]
潔意長此共林巒
五言登郡北佛龕一首
李嘉祐
石壁江城後藍輿晚暫登古龕千塔
佛秋樹一山僧清磬和塵積香泉吐[illegible]
蘇顛持身灑掃衣官復作旅

唐 《唐诗残篇白氏长庆集卷第廿二纸本墨书》（局部）

宰相元载落马 被抄家时发现大量“奢侈品”胡椒

阅读 1378.8 万　讨论 3242　详情 >

大唐密探
主持人

导语：宰相元载落马，执法人员在抄家时发现八百石胡椒，其土豪程度惊呆众人，因为胡椒可算得上是实打实的进口奢侈品。

八卦果果
6 小时前 来自 唐博 tangbo.com

太解气了，大奸臣元载终于落马了。身为一国宰相，没能为民着想，却中饱私囊，可恨！胡椒这种奢侈品他竟然存了八百石，他这可算得上是个贪腐大案了。

宰相元载落马　被抄家时发现大量“奢侈品”胡椒

312　652　1.5 万

吃瓜专业户

3 小时前 来自 唐博 tangbo.com

八百石胡椒啊，我这辈子都没见过这么多胡椒，元载真是个巨贪啊！静等官方公告了。

\# 宰相元载落马　被抄家时发现大量“奢侈品”胡椒 #

136　174　364

机智的糖瓜

44 分钟前 来自 唐博 tangbo.com

元载当初也是个苦出身，后来好不容易走上了仕途，得到了唐肃宗的重用，当上了宰相，没想到却被权力腐蚀，开始独揽朝政，专营私产。贪官的路注定是走不远的，“翻车”是早晚的事。

\# 宰相元载落马　被抄家时发现大量“奢侈品”胡椒 #

189　391　422

私藏八百石胡椒，草根宰相成巨贪，下场令人唏嘘

前宰相元载家中查出了八百石胡椒，消息一出，就炸开了锅，一众哗然。

不明真相的群众可能会觉得胡椒不就是调味品嘛，有什么可豪横的。不过，这位老哥为什么要囤这么多胡椒，莫非是有什么特殊癖好吗？

其实都不是，因为胡椒在当时是非常不易获得的进口洋货，堪称顶级奢侈品。

《酉阳杂俎》记载：“胡椒，出摩伽陀国，呼为昧履支。其苗蔓生，茎极柔弱，叶长寸半，有细条与叶齐。条上结子，两两相对。其叶晨开暮合，合则裹其子于叶中。子形似汉椒，至辛辣，

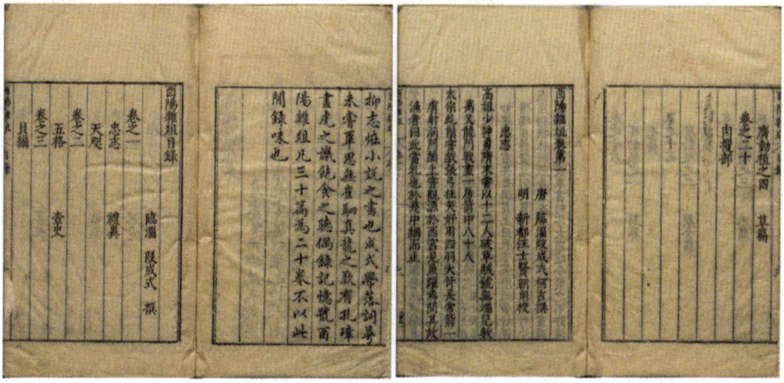
酉陽雜俎目錄
臨淄 段成式 撰
卷之一
忠志 禮異
天咫
卷之二
五格 壺史
卷之三
貝編

抑志怪小說之書也成式學落詞曼
未嘗覃思無崔駰真龍之歎有孔璋
畫虎之譏飽食之暇偶錄記憶號酉
陽雜俎凡三十篇為二十卷不以此
間錄味也

酉陽雜俎卷第一
唐 臨淄段成式柯古撰
明 新都汪士賢朝用校
忠志

唐　段成式《酉阳杂俎》

六月采，今人作胡盘肉食皆用之。”

在辣椒还未传入中原时，胡椒作为辛味调料在饮食中起到重要作用。同时，也被人们用在装修上。

在汉唐时期，皇宫里妃嫔们的房子被称为“椒房”，因为在装修房子的时候会用胡椒粉涂抹内墙。《唐书》里记载：“见本朝长安大内，六宫嫔御，殆及万人，椒房兰室，无不充牣。”白居易在《长恨歌》中写道：“西宫南内多秋草，落叶满阶红不扫。梨园弟子白发新，椒房阿监青娥老。”

胡椒属于进口货，价格非常昂贵，甚至有钱也不一定能买

到。而且当时人们认为，胡椒有驱邪的功效，用胡椒装修内墙更能彰显身份。元载私藏如此大量的胡椒，不亚于拥有一座小金山。

回顾元载的发迹之路，人们惊讶地发现，这位宰相竟是“草根”出身。元载小时候家庭条件很困难，所以他勤学苦读，发愤图强，想要改变自己的命运。

功夫不负有心人，最后，他也的确做到了，一路摸爬滚打做到了宰相。

在这个追逐权势的过程中，他似乎变了一个人，开始独断专

日本　狩野山雪《长恨歌图卷》（上卷）（局部）

权，经营私产，收敛钱财。可能是因为小时候穷怕了，随着官位的不断升高，元载的胃口也越来越大，心里像有一个填不满的坑，钱和权他都要。他独揽朝政，排除异己，住豪华别墅，家中妻妾成群，气焰极其嚣张。

这样一个处处树敌又高调的巨贪，迟早是要出事儿的，只是时间的问题。渐渐地，弹劾元载的奏本越来越多，皇帝对他的行径也极为不满，所以暗中运筹，要除掉这个祸患。

大历十二年（777 年）三月，唐代宗一声令下，查办了元载，并抄了他的家，他家中的八百石胡椒就这么公之于众。元载靠着这种别致又奇葩的贪腐形式，成功“出圈”。《新唐书》记载：“籍其家，钟乳五百两，诏分赐中书、门下台省官，胡椒至八百石，它物称是。”

八百石有多少呢？唐代的一石相当于现代的五十三千克，八百石也就是四万两千四百千克，也就是四十多吨！

皇帝知道这事后更生气了，下令处死了元载，连同他的家人一并处置，或赐死，或贬为奴籍，他的亲信党羽也一并清理。

这一辈子，元载苦过，也奋斗过，但还是栽了。他不仅是栽倒在了政治斗争中，更是栽倒在了自己的欲望里。

高阳公主与辩机和尚私情被曝光

阅读 3373 万　讨论 5324　详情 >

大唐密探
主持人

导语：大唐公主高阳与一僧人出双入对，举止亲昵。据爆料称，该僧人法号“辩机”，为玄奘法师的高徒。二人私情被曝光后，对皇室声誉造成了严重影响。

八卦果果
7 小时前 来自 唐博 tangbo.com

姐妹们快来吃“瓜”啊！我们的高阳公主竟然和一个僧人有私情。真没想到，高贵的公主的私生活竟然这么混乱，听说那个僧人有才华，长得帅，也怪不得高阳公主动心。

高阳公主与辩机和尚私情被曝光

320　841　2.7 万

吃瓜专业户

1 小时前 来自 唐博 tangbo.com

这个“瓜”也太劲爆了，皇室公主曝出这样的丑闻，想必皇帝一定气炸了，这事最后要如何收场，值得期待一下，估计是要见血光了。

高阳公主与辩机和尚私情被曝光

625　842　1695

机智的糖瓜

54 分钟前 来自 唐博 tangbo.com

高阳公主被曝出这样的丑闻一点儿也不奇怪，这个皇室公主从小就被宠坏了。听说她很讨厌自己的丈夫，与辩机和尚的私情也不是一天两天了。如今此事被曝光，小公主要吃苦头咯！

高阳公主与辩机和尚私情被曝光

326　421　1974

皇室惊天“大瓜”：因私情被曝，小公主“黑化”[20]意图谋反

一则皇族丑闻引发热议，京城贵族圈里私下嘀咕，坊间百姓快乐“吃瓜”。因为大唐尊贵的高阳公主竟然和一个名叫辩机的和尚私通，搞起了婚外情。

皇室、公主、僧人、出轨、婚外情，这几个关键词放在一起，就注定会是个大新闻。

高阳公主被曝出这样的丑闻，丢尽了皇族的颜面，更是直戳唐太宗的肺管子。偏偏高阳公主又是唐太宗众多子女中最受疼爱的一个。可想而知，当他得知这个消息时，该有多么愤怒！他必须做点儿什么，才能平息心中的怒火。

自己的心尖尖之所以做出如此越矩的行为，一定是那和尚的错，索性直接将辩机赐死。这样的做法虽然解了心头恨，但也片面证实了高阳公主与辩机和尚确实有私情。

爸爸凭实力治女儿的罪，围观群众直呼高明！

那么，为什么一个已婚的公主会和一个不问凡俗的出家人搞在一起？

这“瓜”，值得挖一挖。

一切还要从我们的女主角高阳公主说起。

高阳公主这个人是出了名的骄纵和任性，所有人都已经是见惯不怪了，谁让她爸爸是李世民，整个大唐都是她爸爸说了算。

虽然我们的唐太宗李世民是个疼孩子的好爸爸，但高阳公主能争得这份宠爱其实也并不容易。因为她的母亲身份卑微，甚至都没能在任何典籍里留下只言片语。而她出生的时候，前面已经有二十多个哥哥姐姐了。

皇族的身份虽然是天生的，但命运是需要自己争取的。前面那么多哥哥姐姐，未来还有很多弟弟妹妹，父爱资源有限，需要全力争取。

虽然手里的牌不怎么样，但高阳公主是个“打牌”的高手。她凭借着聪明伶俐，赢得了爸爸的宠爱，于是有了《旧唐书》上所记载的“初，主有宠于太宗”。

争宠的过程也许很艰难，但是得宠后的受益很明显。唐太宗出席各种活动，在方便的情况下都会带着这个心爱的小公主。

就这样，高阳公主在无限宠爱中长大，而唐太宗的溺爱也给这个女儿养出了一身毛病，嚣张跋扈、刁蛮任性……俗称“公主病”，不过她也算得上是实至名归了。

身为皇族的公主，在享受这个身份带来的利益和资源的同时，也要践行责任，用自己的婚姻巩固皇权，维系政治。这是每个公主都逃不开的“公主命”，高阳公主也不例外。

政治婚姻的待遇，也有高低之分，而高阳公主又一次得到了偏爱。相比于那些远嫁荒凉之地的公主，高阳可以留在皇城，继续享受她的荣宠。

在太宗的安排下，高阳公主嫁给了宰相家的二公子房遗爱。

房遗爱同样也有一个出色的爸爸房玄龄，也就是“房谋杜

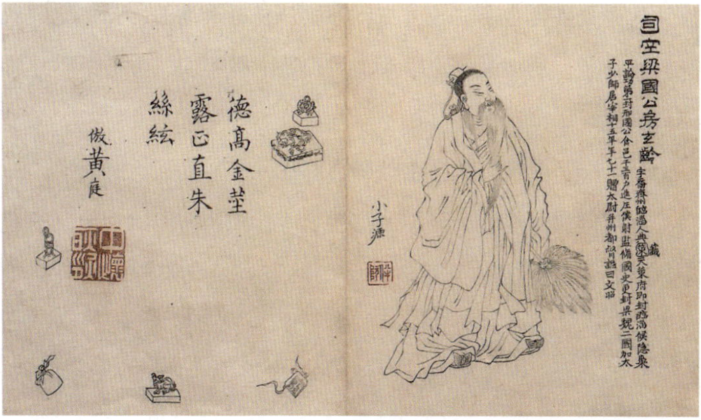

清　刘源《凌烟阁功臣图》之房玄龄

断”中的主角之一。

从家世上来看，公主和房家二公子门当户对，属于优质婚姻。但遗憾的是，房遗爱并没有遗传到爸爸的优秀基因。

一个从小娇生惯养的公主，在花一样的年纪，对爱情一定是心存期待和幻想的，哪个姑娘不希望自己能碰到个温润如玉、才华横溢的翩翩公子呢。

而当高阳公主揭开了幻想的面纱，面对她那个“诞率无学，有武力”的夫君时，心中的失望可想而知。

皇族公主根本不会图他的家世，可这个人既无颜值又没才学，也就没有能让她动心之处。所以，这段婚姻注定是一个空壳。

皇帝的掌上明珠哪受过这种委屈，所以，她会经常忍不住朝丈夫撒气。

房遗爱同样也拿这位公主没办法。皇帝最疼的女儿，他门当户对的妻子，对他来说也是个烫手山芋。爱不起，也说不得，只能供着。

就这样，两个人被政治婚姻捆绑在一起，互相折磨。

一次偶然的机会，高阳公主遇见了样貌清秀、风度翩翩的少年僧人辩机，于是，她难以自拔地陷进去了。大概的经过就是“初，浮屠庐主之封地，会主与遗爱猎，见而悦之，具帐其庐，与之乱”。

辩机并不是普通的小和尚，他是大唐高僧玄奘法师的高徒，是高僧优秀的小助理，辅助师父翻译了不少佛教典籍，还是《大唐西域记》的执笔人。

面对自己的梦中情人，公主展现出自己聪明伶俐、温柔可爱的一面，对辩机和尚各种撩拨。辩机和尚最终还是没能扛住公主猛烈的爱情攻势，动了凡心，两人搞起了地下恋情。

高阳公主为了稳住房遗爱，还给他安排了两个妾室。这样，两个人各玩各的，搞起了婚外情。一直到这段地下恋情被曝光，辩机被处以腰斩极刑。

虽然皇族圈里的“瓜”一直不少，但高阳公主这事也不算小，舆论风波久久未平。而同样一直难以平息的，还有高阳公主心中的痛苦和愤怒。

一个女人能够为爱疯狂到什么程度？

高阳公主的做法——谋反。

爸爸杀了她最在乎的人，拆了她的精神世界，那么她也要毁了爸爸最在乎的东西，抢他的江山。

于是，高阳公主怂恿丈夫房遗爱，协助她把那个自己不喜欢的同父异母的哥哥李治从王位上拉下来。可是谋反哪有那么容易，岂是一个刁蛮公主联合几个工具人就能办到的！

最后，谋反之事败露，她连带着丈夫一大家子，都没吃到好果子。

而谋反这件事，同样被传得很邪乎，有诸多版本流传。

有人说，公主唆使驸马一同谋反，被顾命大臣长孙无忌给查了出来，最后被赐死抄家。

也有人说，高阳公主只是宗室势力与长孙无忌代表的元老势力较量中的一颗棋子。

总之，对错真相已经被深深埋藏，堕落的公主，用自己的人生悲剧，贡献了历史“大瓜”。无奈，也唏嘘！

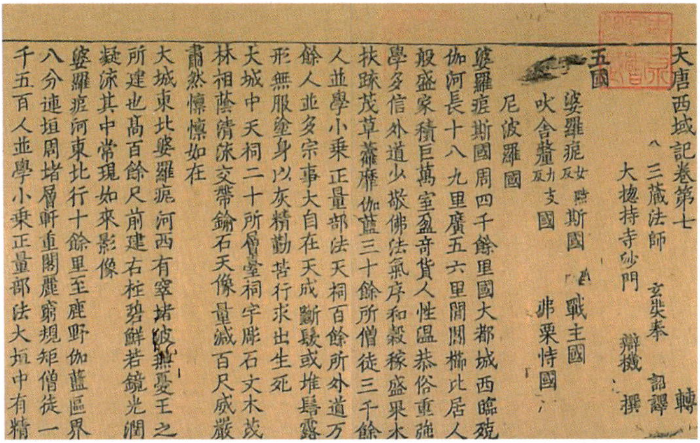
大唐西域記卷第七 轉
三藏法師玄奘奉 詔譯
大摠持寺沙門辯機撰
五國 婆羅痆斯國 戰主國
吠舍釐國 弗栗恃國
尼波羅國
婆羅痆斯國周四千餘里國大都城西臨殑伽河長十八九里廣五六里閭閻櫛比居人殷盛家積巨萬室盈奇貨人性溫恭俗重强學多信外道少敬佛法氣序和穀稼盛果木扶踈茂草靃靡伽藍三十餘所僧徒三千餘人並學小乘正量部法天祠百餘所外道万餘人並多宗事大自在天或斷髮或椎髻露形無服塗身以灰精勤苦行求出生死
大城中天祠二十所層臺祠宇彫石文木茂林相蔭淸流交帶鍮石天像量減百尺威嚴肅然懔懔如在
大城東北婆羅痆河西有窣堵波無憂王之所建也高百餘尺前建石柱碧鮮若鏡光潤凝流其中常現如來影像
婆羅痆河東北行十餘里至鹿野伽藍區界八分連垣周堵層軒重閣麗窮規矩僧徒一千五百人並學小乘正量部法大垣中有精

唐　玄奘《大唐西域记》 辩机撰

知名才女鱼玄机涉嫌杀人埋尸　被刑拘

阅读 7007 万　讨论 6940　详情 >

大唐密探

主持人

导语：近日，长安一女道士院内发现一具女尸。据调查，死者为女道士鱼玄机的婢女绿翘，其主人鱼玄机有重大作案嫌疑，目前已被刑拘。

八卦果果

9 小时前 来自 唐博 tangbo.com

太可怕了，真是看不出来，一个柔柔弱弱的女子竟然做出这么凶残的事来。她的婢女绿翘跟了她这么多年，她是怎么下得了狠手的，这个蛇蝎女人太可怕了！

知名才女鱼玄机涉嫌杀人埋尸　被刑拘

459　　1632　　1.3 万

吃瓜专业户

5 小时前 来自 唐博 tangbo.com

鱼玄机应该算是大唐屈指可数的才女，曾师从温庭筠，写过不少诗。当初也是个多情多才的女子，后来受了情伤堕入风尘。但万万没想到，她竟然杀人埋尸，心疼绿翘！

知名才女鱼玄机涉嫌杀人埋尸　被刑拘

362　　1023　　8430

机智的糖瓜

18 分钟前 来自 唐博 tangbo.com

鱼玄机真是想不开，一下子断送了自己的大好年华，真是害人害己。其实鱼玄机也是个可怜的女人，当初对温庭筠有情，温庭筠却不敢接受。后来和李亿情投意合，最终却被辜负，沦落风尘，而今又成了杀人犯。

知名才女鱼玄机涉嫌杀人埋尸　被刑拘

138　　541　　3621

昔日知名才女，转眼已成阶下囚

长安城的咸宜观发生了一起命案，有人在知名才女、女道士鱼玄机的后院发现一具女尸。经有关部门鉴定，死者正是鱼玄机的婢女绿翘，其主人鱼玄机有重大作案嫌疑。

经官府查明，前不久，鱼玄机因知晓婢女绿翘与其情人陈韪有染，起了争执，一气之下，误杀了婢女，因为担心事情败露，所以埋尸于后院。数日后，有客人在其后院发现苍蝇在某处盘旋不去，又散发腐臭，遂将其举报，鱼玄机杀人事件东窗事发。对上述调查结果，当事人鱼玄机供认不讳，最终被判死刑。

鱼玄机误杀婢女案，被曝光后，一众哗然。昔日才情斐然的女诗人，竟成了阶下囚、杀人犯。而她才二十六岁，本该有大好的年华，大好的人生。

人们对该事件进行评议的同时，也忍不住深扒她的过往。结果却发现，她不仅是个有才华的女人，也是个可怜、可叹的女人。

鱼玄机，初名幼薇，字蕙兰，唐末出生在一个普通家庭，父亲是个读书人，可惜运气不佳，屡试不第，再加上家里没什么太硬的关系，最终也没能弄个一官半职。于是，这位父亲将自己的期望都投到女儿身上，教她读书识字。

天资聪颖的鱼玄机不负父亲的期望，五岁时就能背诵上百首诗，父亲很高兴，便举家搬迁送她到下邽就学。如果照此发展下去，鱼玄机会成为一个饱读诗书、才华横溢的才女。但在她十岁左右，父亲却早早离世。她的命运也由此变了调子。

没有了父亲的庇佑，鱼玄机只能跟着母亲回到老家鄠杜。也正是在此期间，她认识了一个影响她一生的男人——温庭筠。

温庭筠在大唐盛名在外，虽然考运不佳，但是才情绝对是“顶流”。他的辞藻华丽，多写女子闺情，写出了不少像“玲珑骰子安红豆，入骨相思知不知”这样的金句，拥有大批女粉丝。

热爱诗词的鱼玄机遇到才华横溢的文艺大叔温庭筠的时候，立马变成了狂热的粉丝。

而温庭筠同样也被这个天资聪颖的小姑娘打动，认定她是个好苗子，便忍不住对其指点一番。一来二去，最后索性做了鱼玄机的老师。

那段日子，鱼玄机过得很苦，但心是快乐的、自由的。因为有这样一位文学领路人的指导，让她可以畅游文学世界。

一转眼，鱼玄机长成了大姑娘，而她对温庭筠的感情也在悄然间发生了变化，从最初的感激、崇拜，渐渐地生出了爱慕之情。

但是，向来风流不羁的温庭筠在面对鱼玄机的时候，保持了克制。他们相差三十几岁、他们的师生关系……一道道沟沟坎坎摆在眼前，温庭筠选择了转身。

也许，他不是不敢，而是不忍。爱总是伴着伤痕，他不忍心破坏这段美好的人生回忆，不忍心打破当下彼此最舒服的关系。他的爱徒值得托付给更好的人。所以，他把鱼玄机介绍给了状元郎李亿。

李亿有才学、家境好，人也稳当，也很欣赏鱼玄机的才华，并且能给鱼玄机一个安稳幸福的生活。这样看起来，二人非常登对。

一切如温庭筠所希望的剧情发展下去，鱼玄机听从了恩师的安排，和李亿结为连理。温庭筠悄然退场，奔赴自己不羁的人生之旅。可惜，这并不是最终的结局，而是为悲剧埋下伏笔。

鱼玄机和李亿两个人在一起称得上是幸福的，但奈何李亿家中早有正妻。他的妻子出自河东裴氏，裴氏家族在朝中很有声望，名臣辈出。这也就意味着，他的原配夫人对李亿的仕途发展有很大的助力。

李亿本身就是个“妻管严”，在爱情与仕途面前，他毫不犹豫地选择了仕途。在裴氏的逼迫下，李亿一纸休书，终结了鱼玄机短暂的幸福。

李亿将鱼玄机送入了京郊咸宜观修道，并信誓旦旦地许诺：“亲爱的，你等我三年，三年后待我功成名就，一定把你接回去，否则天打雷劈！”

从此，痴情才女鱼玄机成为痴情道姑鱼玄机，苦苦地等待情郎回来。

苦等的日子并不好过，好不容易熬过了三年，鱼玄机等到了一个令她崩溃的消息，李亿已经带着他的原配妻子到别处做官去了。什么爱情啊、诺言啊，早就被他抛在脑后。而极度渴望爱情的鱼玄机，像个执着的傻子。

被“渣男”抛弃的鱼玄机大受刺激，自甘堕落，开始结交王公贵族、文人雅士、风流公子。

能吟诗作赋的貌美女才人，这个“人设”在当时非常吃得开。一时间，鱼玄机的名号传开了，各色男子慕名而来。

鱼玄机不再是那个等爱的小女子，而是牢牢地掌握了选择权，成了女王般的存在。只要她喜欢，破落的酸儒她也会收留；若是不喜欢，贵族公子也得吃闭门羹。

风月里的酒，她喝了一杯又一杯，潇洒的日子过了一年又一年。

你说她快乐吗？可她的骨子里好似沁着一层霜，诗词里流着一种刺骨的凉。

你说她不快乐吗？她在宴会里与人觥筹交错，笑声总是最响亮的那个。

这样的日子如果一直延续下去，也很潇洒。但命运的剧情画风陡转，染上了血腥。

鱼玄机有一位中意的情人——乐师陈韪。有一日，鱼玄机外出归来，通过蛛丝马迹发现自己的丫鬟绿翘和陈韪搞在了一起。这件事直戳鱼玄机最敏感的神经，激起了她的仇恨和愤怒，因为她曾经被无情地背叛过一次。

鱼玄机质问绿翘，绿翘反唇相讥，并死不承认。鱼玄机被愤怒冲昏头脑，一气之下打死了绿翘。在意识到绿翘没了呼吸时，她悔之晚矣，匆忙中将绿翘的尸体埋在了后院。

命案、情杀、埋尸……当曾经的才女与这些词联系在一起的时候，迅速地冲上了大唐的热搜。

“啧啧，这个女道士太可怕了！”

“杀人偿命，鱼玄机该死！”

…………

如果没有发生这件事，她或许会写出更惊艳的诗篇……

也许，那个叫李亿的男人知晓这件事后，会忍不住一声又一声地叹息。而那个叫温庭筠的男人，也定是百感交集，所有情绪都卡在了喉咙里。

鱼玄机被执行死刑，但她活在坊间流言里，活在别人的回忆里，也活在自己的诗里。

太平公主二婚

阅读 7723 万　讨论 8542　详情 >

大唐密探
主持人

导语：太平公主的丈夫死了，母亲武则天很快又给她安排了一桩婚姻。丈夫尸骨未寒，妻子就披上了嫁衣。有人暗暗唾骂，有人说公主二婚还是那么有排场，有人心疼她的不易，送上祝福……

八卦果果
6 小时前 来自 唐博 tangbo.com

太平公主又结婚了，仍旧是政治婚姻，但这一次和上一次却大不相同。第一桩婚姻，她和丈夫情投意合，日子过得幸福。但在第二桩婚姻里，她的眼睛里已经没有光了。说到底，太平公主也是个可怜人，不能主宰自己的命运，贵为公主又怎样呢！

太平公主二婚

320　2136　1.6 万

吃瓜专业户

3 小时前 来自 唐博 tangbo.com

太平公主二婚的排场还是很大，但是婚礼再豪华有什么用呢？与其作为一颗棋子被摆布，倒不如生在寻常百姓家幸福。

\# 太平公主二婚 #

320 412 1.2 万

机智的糖瓜

33 分钟前 来自 唐博 tangbo.com

这就是沾着人血的政治婚姻，据说武后为了让女儿嫁给武攸暨，勒令他休妻，武攸暨不从，武后就命人毒死了他的发妻。她如此残忍地强拆别人的婚姻，她的女儿会幸福吗？

\# 太平公主二婚 #

134 410 2461

太平公主的第二桩婚姻
背后还藏着一桩命案

太平公主二婚的消息迅速蹿上了热门。各方议论纷纷，吐槽与八卦齐飞。

有人说，太平公主一家子没底线，老公尸骨未寒，就这么着急出嫁。

有人说，太平公主好可怜，刚死了丈夫，又被母亲当作政治棋子嫁给武攸暨。

有人说，这是太平公主的私生活，旁人不便置喙，苦乐自知，祝她幸福。

有人说，这桩婚姻还牵扯着一桩命案……

太平公主是皇族圈子里的明星人物，她的一举一动都逃不过大众的眼睛，包括她的第二桩婚姻。

对于任何一个热门事件，每个人都会有不同的看法。而对当事人太平公主而言，这次婚姻并非她所愿，也令她痛苦不堪。

也正是因为经历了这次婚姻，让她从一个备受宠爱的小公主，“黑化”成了一个利欲熏心的女政客。

要想摸清太平公主的“黑化”之路，还要从头说起。

太平公主是唐高宗李治和武则天的女儿，她有一个温柔的名字——李令月。

武则天曾有一个女儿夭折了，所以其一直渴望能再有一个

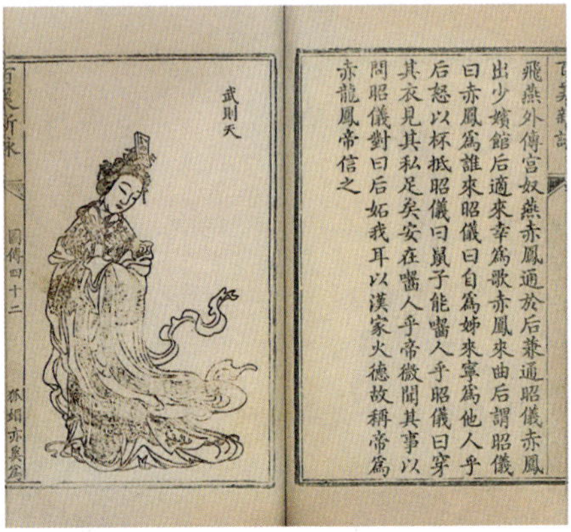

飛燕外傳宮奴燕赤鳳通於后兼通昭儀赤鳳出少嬪館后適來幸爲歌赤鳳來曲后謂昭儀曰赤鳳爲誰來昭儀曰自爲姊來寧爲他人乎后怒以杯抵昭儀曰鼠子能嚙人乎昭儀曰穿其衣見其私足矣安在嚙人乎帝微聞其事以問昭儀對曰后妬我耳以漢家火德故稱帝爲赤龍鳳帝信之

清　颜希源《百美新咏图传》之武则天

女儿。当然，也有小道消息说，武则天为了干掉对手王皇后，亲手掐死了自己的孩子。

但不管怎样，这位小公主圆了武则天的女儿梦，又乖巧伶俐，自然会得到无限疼爱。

太平公主八岁时，为了给去世的外祖母荣国夫人杨氏祈福，出家为女道士。不过她只是名义上的女道士，还是住在宫中。后来，吐蕃派使者来大唐求婚，一眼就相中了太平公主。

可是，高宗皇帝和武则天怎么舍得将自己的心尖尖嫁到远方去，但又不好直接拒绝，于是脑筋一转，想了个小妙招。他们修建了太平观，让公主正式入住，成为名义上不问凡俗的出家人，以此来避免公主前去和亲。

就这样，在父母的庇护下，太平公主躲过了和亲远嫁的命运，成了一个幸运又快乐的小公主。

一转眼，太平公主就到了青春花季。情窦初开的太平公主，通过巧妙的暗示，让父母领会了自己想嫁人的小心思。

“久之，主衣紫袍玉带，折上巾，具纷砺，歌舞帝前。帝及后大笑曰：‘儿不为武官，何遽尔？’主曰：‘以赐驸马可乎？’帝识其意，择薛绍尚之。”

这里是说，有一天，太平公主穿着武官的服装来到父母面前跳起舞，逗得父母喜笑颜开，并问她：“你又做不了武官，为何要这样？”而公主则回答：“那将它赐给驸马可以吗？”

皇帝夫妇恍然大悟，女大不中留，该给她挑个如意郎君了。

唐高宗千挑万选，选中了自己的嫡外甥薛绍，也就是他妹妹城阳公主的儿子。但武则天对这门婚事并不满意，奈何李治当时手握权力，是真正的当家人，她不好反驳。

很快，皇帝夫妇为太平公主举办了隆重的婚礼，当时盛况空前，街谈巷议，余热久久不散。

薛绍和太平公主成了一对甜蜜的小夫妻，婚后七年，先后生了四个孩子。

那个时候，太平公主还是生活在蜜罐里，是皇帝夫妇宠爱的女儿，是老公疼爱的温柔妻子。可是，故事并没有这么一直平顺地发展下去。在太平公主毫无察觉时，身边的一切正发生着翻天覆地的变化。她的母亲虎视眈眈地盯着皇权这块肥肉，并一点儿一点儿地蚕食皇权。她的丈夫虽然稳妥，但奈何有个不安分的大哥薛顗，偷偷摸摸地参与了唐宗室李冲的谋反，最后事发。

对谋逆之人，武则天从不手软，于是下令将薛颉处死，薛绍也受到了牵连。永昌元年（689 年），薛绍被判“杖一百”，饿死于洛阳狱中。堂堂驸马，最后竟然被饿死了，太惨了！

好好的一个幸福家庭，就这么说没就没了。太平公主的心一下子空了，她明明没做错什么，却遭受这样的厄运。没有人能告诉她为什么，但她的母亲给出了粗暴的解决方案。

心情不好，那就给你补偿点儿财产，这很简单，咱家有钱，大唐王朝都是咱说了算。武则天打破大唐公主食封不过三百五十户的惯例，将太平公主的封户破例加到一千二百户。

家没有了，再重新组建一个就好了，这也很简单。武则天在心中盘算一遍，将目光锁定在自己的大侄子武攸暨身上。一来，自己家的亲戚信得过；二来，武攸暨和女儿结婚了，更能稳固她的皇权。说白了，还是一桩政治婚姻。至于女儿的感受，那不重要。因为爱情是虚幻的，权力和财产才是真实的。

这桩婚姻前面还有一个障碍，那就是武攸暨的原配夫人。武则天当然不会让自己的女儿去给人家当侧室。女儿的感受其实不重要，重要的是她丢不起这个脸，她当时已经是实打实的女皇了。

武攸暨和妻子的日子过得好好的，女皇让他休妻，他当然是一万个不愿意。

对女皇来说，这也不难解决。既然你不愿意休妻，那你们就阴阳两隔好了，以后都不用再见了。

于是，一杯毒酒，原配成了亡妻，太平公主顺利地穿上了嫁衣。

再嫁之时，太平公主仍是盛装，但眼里没了光，心里也没了爱。她开始接受自己的命运，并献祭了自己的感情和纯真，也开始潜移默化地接受母亲的价值观。

权力，可以掌控婚姻，掌控生死，它是如此迷人！

太平公主二婚之后开始沉沦。

母亲养男宠，她也养，因为帅气的男生的确迷人。于是，忠厚老实的武攸暨戴了一顶又一顶有颜色的帽子。

母亲住皇宫，她也要住豪宅。于是，她大修府邸，怎么奢华怎么来。

母亲搞政治，她也行。“青出于蓝而胜于蓝”，这事她可不能㞞。

当武则天在政治的波涛中察觉到女儿的身影时，心中着实一惊。她发现女儿越来越像自己，除了容貌，还有她的政治头脑。

太平公主成功地铲除了来俊臣一股势力，甚至有传闻称武则天的男宠薛怀义也是太平公主设计害死的。

后来，在多年的运筹下，太平公主开始掌握一部分权力。但同时，掌权者还有上官婉儿以及张昌宗和张易之两兄弟。

提起张昌宗和张易之，太平公主就很头疼，因为张昌宗是她当年推荐给母亲大人的男宠，只为博母亲欢心。那年他还是个青春年少、不谙世事的漂亮小伙，谁能想到这小伙子又把自己的好兄弟张易之推荐过来。

兄弟二人齐上阵，讨女皇欢心，并逐渐开始玩弄权术，甚至有把持政权的趋势。太平公主恨得牙痒痒，虽然她是武则天的女儿、武家的媳妇，但她的政治立场是站在李家这一边的。

于是，神龙元年（705 年），太平公主协助宰相张柬之发动兵变，诛杀张昌宗、张易之兄弟，逼迫母亲逊位给太子李显。而太平公主由于参与诛杀二张兄弟有功，受封“镇国太平公主”。

其实故事如果只到这里，也算圆满。娇宠小公主被命运捉弄，痛失所爱后又重新振作起来，成为独立新女性，在政治旋涡里厮杀，最终匡扶李唐王朝，功成身退，名垂千秋。

可哪承想，唐中宗李显即位之后懦弱无能，而他的老婆、女儿都不是省油的灯。李显在外流亡这些年，妻、女跟着他过了许多苦日子，所以他一直心有亏欠，想要好好补偿她们。他认为这皇位算是侥幸得来的，妻、女想做什么就做什么。据说有段时间，安乐公主自己写好了诏书，掩住正文拿去让她的爸爸李显盖章，这位好爸爸看也不看就给盖了。而韦后则肆无忌惮地大卖官爵，李显也任由她为所欲为。

可以说，武则天点燃了女权崛起的火把，这熊熊火焰点燃的不仅是太平公主的政治梦想，还有自己的儿媳妇以及大孙女的皇权梦。

此时，武则天在政治的舞台上已经谢幕，这几个女人开始厮杀起来。韦后和女儿安乐公主也想效仿武则天登基做皇帝，同时也把太平公主视为眼中钉。太平公主能谋善断，在朝堂上的地位举足轻重。

聪明的太平公主肯定不会和这对母女单挑，于是她站到了八哥李旦的队伍里。因为这个哥哥孱，好控制。可孱人都有个缺点，就是胆小怕事，不敢出头。好在他有个叫李隆基的好儿子，起到了不小的作用。

太平公主与韦后和安乐公主厮杀了多个回合，难分胜负。后来，唐中宗李显去世，韦后和女儿则开启了她们君临天下的大计，开启了终极猎杀行动。而太平公主早就准备好收网，联合李旦的三子李隆基，一举诛灭了韦后乱党。

有人说，这对母女丧心病狂，把李显毒死，意欲取而代之；有人说，李显被毒死，不过是太平公主等人的旗号，这样他们才能给韦后一党打上乱党标签，在这场政权厮杀中有充分的出师之名。如果事实的确如此，那太平公主的确高明。

不管真实的情况如何，结果是，在太平公主的操盘下，哥哥李旦成功即位，成为唐睿宗。

唐睿宗的胆子很小，谨小慎微，对皇权并不感兴趣。而自己的好妹妹太平公主有政治头脑又很能干，所以，干脆放权让她管好了。

很长一段时间，太平公主都会跟随唐睿宗李旦一起上朝听政，她开始体会到母亲当年掌权的快乐。凡是她想干的事，李旦基本都会同意。同时，她也盘算着要将这份快乐延续下去。于是，她计划让李旦的长子宁王做太子，因为宁王遗传了李旦身上的一项优秀品质——听话老实。

但令她没想到的是，自己的好哥哥表面上老实，对她言听计从，但脑袋并不糊涂。李旦最终听取大臣的意见，立三子李隆基为太子。

李隆基成为太子后，太平公主敏锐地发现了一些变化。李旦在一些政事上都要向太平公主和太子问询意见，其政见逐渐向太子倾斜。随着这种变化越来越明显，太平公主和太子的矛盾日益加深。

太平公主一直想要干掉这个眼中钉，当时她的势力在朝中已经盘根错节，占据了半壁朝堂。可李隆基并不是一般对手，他有城府、有谋略、有胆识。凑巧的是，他也一直惦记着要解决掉这个不省心的姑姑，并率先对她下手，发起了政治攻势。

最终，双方展开终极大战，太平公主落败，女皇梦碎，被赐死于家中。

太平公主曾以为命运就在自己手中，但或许从头到尾，她都是颗悲哀的棋子。

上官婉儿被赐以黥刑

阅读 4701 万　讨论 5531　详情 >

大唐密探
主持人

导语：红颜宰辅上官婉儿被黥面，作为女皇武则天身边的大红人，她为何遭此刑罚，一时间众说纷纭。

八卦果果
8 小时前 来自 唐博 tangbo.com

上官婉儿可是女性励志的偶像，靠着聪慧和才学从女奴逆袭成为女皇身边的大红人，怎么忽然被女皇下令黥面呢？真是伴君如伴虎啊！话说，上官婉儿被黥面后，额前贴的花钿还怪好看的，我要去化个仿妆！

上官婉儿被赐以黥刑

621　2413　1.4 万

吃瓜专业户
1 小时前 来自 唐博 tangbo.com

知情人爆料，据说这一回上官婉儿是动了顶头上司的男宠，两个人搞暧昧被抓了个现行，场面一度十分尴尬。

上官婉儿被赐以黥刑

362 646 4321

机智的糖瓜
39 分钟前 来自 唐博 tangbo.com

婉儿虽然被黥面，但是依然挡不住她的美丽。希望婉儿不要被烂桃花影响，专心搞事业，也希望大家更多地关注婉儿的作品。最后给大家分享一首婉儿的经典作品《彩书怨》：

叶下洞庭初，思君万里余。
露浓香被冷，月落锦屏虚。
欲奏江南曲，贪封蓟北书。
书中无别意，唯怅久离居。

上官婉儿被赐以黥刑

241 349 3125

伴君如伴虎，
红颜宰辅上官婉儿被黥面的真相

千古第一女帝，也成就了千古第一女官。

所以，红颜宰辅上官婉儿成为大唐“顶流”人物，掌握着流量密码，一举一动都备受关注。

上官婉儿被黥面，这个消息传出后，又成为街谈巷议的热点。

有人说，这位女皇的得力助手，挖“老板”墙脚，和女皇的男宠不清不楚，才被赐以黥面。

有人说，这个“瓜”，我先不“站队”，让子弹飞一会儿。

唐代有位著名的小说家段成式，是个“吃瓜”爱好者。他在《酉阳杂俎》中记载：“今妇人面饰用花子，起自上官昭容，所制以掩黥迹。”

他有个叫段公路的大侄子，也对这事很感兴趣，在其著作《北户录》中写道：“天后每对宰臣，令昭容卧床裙下，录所奏事。一日，窃窥宰臣，上觉。退朝怒甚，取甲刀扎于面上，不许拔。昭容遽为《乞拔刀子诗》。后为花子，以掩痕也。”

意思是说，武则天做天后的时候，上官婉儿给她做秘书，每当宰相来上奏，上官婉儿都会在案裙下做记录。有一天，宰相又来奏事，上官婉儿忍不住偷窥了宰相，武则天察觉后很生气。议事结束后，直接拿着甲刀刺在上官婉儿的额头上，并命令其不许

拔出来。后来，上官婉儿忍痛作了一首诗祈求拔刀。为了遮掩额头的伤痕，贴花钿以修饰。

至于上官婉儿为什么会忍不住偷窥宰相，据说那人正是帅气又有才华的李迥秀。这么优秀的男人，看两眼也的确可以理解。

因为当事人没发官方声明，所以故事就越传越邪乎，流言蜚语搅拌着臆想的猛料，故事越发离谱。

大家都知道，女皇身边有两个样貌俊秀的“小鲜肉”，那就是张昌宗和张易之。上官婉儿作为一号女助理，这事她自然最知情。女皇很信任婉儿，所以和两兄弟寻欢作乐的时候也从不避讳

上官婉儿墓志文拓片

上官婉儿墓盖拓片

她，上官婉儿也见惯不怪。

时间久了，张昌宗对上官婉儿动起了心思，没事就背着女皇偷撩两把。一来二去，两个人暗生情愫，越来越腻歪。

但女皇可不是吃素的，当初在后宫里可是身经百战，所以上官婉儿和张昌宗那点儿事很快就暴露了。一气之下，女皇拔取金刀插入上官婉儿前髻，伤及左额，后来张昌宗下跪求情，才免去婉儿一死。

上官婉儿因额前有伤，便在伤痕处刺了一朵红梅来遮掩。宫女们都觉得很好看，就偷偷将胭脂点在额前效仿，最后成了流行的风尚。

还有人说，上官婉儿十分厌恶女皇的男宠薛怀义，因为这个人总是对她毛手毛脚。后来有一次薛怀义跑去找女皇，上官婉儿为了报复而关闭了甬道。薛怀义一怒之下，火烧明堂。

知晓此事后，女皇大怒，赐上官婉儿黥面之刑，并下令处死薛怀义。

其实，流言蜚语不止上述几种，但真相已经被厚重的时光埋藏。《旧唐书·后妃》记载："则天时，婉儿忤旨当诛，则天惜其才不杀，但黥其面而已。"

归根到底，上官婉儿被黥面，这件事在史书中只留下了只言片语，也因此更让人们浮想联翩。

其实，就女官被黥面这件事本身而言，在皇城圈里算不得什么大事件，比这更狗血离奇的故事还有很多，不至于如此吸睛。但是，这件事情发生在上官婉儿身上，性质就完全不同了。传奇的人生经历和绝世的才情，已经让上官婉儿成为大唐的流量担当。

上官婉儿的开挂人生，在她婴儿时期就已经初露端倪。她的祖父上官仪是唐高宗时的宰相，她的父亲上官庭芝是周王李显的府属。作为高官家的大小姐，她的人生似乎是可以想象得到的富贵和顺遂。

但是，命运决定在上官婉儿的人生剧目中做个不落俗套的编剧，所以早早地在她祖辈的故事里埋好了伏笔。

《新唐书·上官仪传》："初，武后得志，遂牵制帝，专威福，帝不能堪……帝因大怒，将废为庶人，召仪与议……左右奔告后，后自申诉，帝乃悔；又恐后怨恚，乃曰：'上官仪教我。'"

说的是，麟德元年（664年），唐高宗李治因为老婆的强势干政，心有不满，有了废后的心思。于是，他密召上官仪商议此事，给自己壮胆出主意。朝中大臣早已对武后干政心有不满，看到皇帝有废后的意思，上官仪便说道："皇后骄横，天下共怨，应废黜以安中外。"

上官仪的态度让高宗很满意，于是他顺理成章地安排上官仪起草废后诏书。上官仪万分激动，回到家里熬夜加班，洋洋洒洒地写了一篇《废武后书》。

很快，武则天就得到消息，和高宗来了一场深入的夫妻谈心，两口子和好如初。求生欲满满的高宗向老婆坦白，废后什么的都是上官仪教他的。

武则天娇媚一笑，默默地把这事写在了自己的小本本上。

上官仪——政敌!

武则天秉承了自己一贯的作风，对政敌从不手软。于是，她设计让自己的亲信诬陷上官仪和废太子李忠谋反，倒霉的上官仪和他的儿子上官庭芝不久就被处死。而年幼的上官婉儿和母亲一起被发配到掖廷，做了奴仆。

这种绝境却磨炼了上官婉儿非凡的品性。身在泥淖中，她始终在寻找光明。她一边学习织布的技艺，为皇室服务，一边读书识字，充实头脑。

她在豆蔻年华时终于迎来了人生“逆风翻盘”的契机。因为聪明机灵又有才华，武则天召见了她，并当场出题考验。上官婉儿对答如流，言辞之间尽显才学和聪慧，同时她又有着超出年龄的沉着。因为即使面对杀父仇人武则天，她也表现得非常冷静。

面对如此优秀的上官婉儿，武则天是越看越喜欢，于是免去其奴婢的身份，把她留在身边。后来武则天登基称帝，上官婉儿也迎来了自己的春天，协助女皇管理国家，成了一名优秀的女官。虽无宰相之名，但已经实打实地手握宰相的权杖。《景龙文馆记》:“自通天后，建景龙前，恒掌宸翰。其军国谋猷，杀生大柄，多其决。”

多年后的神龙政变将武则天推下神坛，上官婉儿凭借敏锐的政治嗅觉，及时转舵，站到了李显的政治队伍中，并迎来了自己事业的第二春，“神龙元年，册为昭容”。

李显很懦弱，对她很尊重，这让上官婉儿很得意。但李显的懦弱也有一个副作用，就是他对老婆更㞞。老婆卖官，把持朝政，甚至给他戴绿帽子，他都听之任之。上官婉儿极力主张废后，李显全当耳旁风。

看着这个窝囊的皇帝，上官婉儿再一次转舵，投奔韦后。《旧唐书》记载：“时昭容上官氏常劝后行则天故事。”上官婉儿劝韦后登基当皇帝，成为第二个武则天。尤其再加上她这样一个经验丰富的操盘手，妥妥的没问题。

随着越来越多的接触，上官婉儿对韦后了解得越来越深，同时也越发觉得韦后不具备成为女皇的素养。于是，她把目光投在了太平公主身上。彼时的太平公主在经历了人生变故之后，已经在政治领域里崭露头角，一举一动都有当年武则天的影子。

唐中宗李显去世后，眼看着韦后气焰越来越高，上官婉儿联合太平公主，立李重茂为皇太子，由李旦辅政。后来，李隆基发动唐隆之变，以禁军官兵攻入宫中，杀死韦后、安乐公主及所有韦后一党，拥立其父李旦。

上官婉儿热烈迎接李隆基，并把自己曾和太平公主所拟密信拿给刘幽求看，以证明自己是和李唐宗室站在一起的。刘幽求拿着密信求李隆基开恩，但李隆基还是杀了上官婉儿。

李隆基杀了上官婉儿，并非怀疑其不忠，而是因为上官婉儿曾是李唐皇室的背叛者，随着政治风向的变化，她随时可能再次成为背叛者。

上官婉儿靠着自己的努力，实现了人生的“逆风翻盘”，成为政治舞台上的一点红。但政治永远是残酷的，她也最终用生命献祭了舞台。

长安城恶犬伤人事件后续

阅读 5221.5 万　讨论 5610　详情 >

大唐密探
主持人

导语：长安城内张公子家恶犬伤人，受害者丁某要求追究责任，张公子称丁某是在碰瓷，双方就此事争执不下。近日，该事件再次出现了反转。

八卦果果
16 小时前 来自 唐博 tangbo.com

早就觉得那个张公子有问题，丁某就是普通本分的老百姓，怎么会去碰瓷？现在事件终于真相大白，希望官方能还丁某一个公道。

长安城恶犬伤人事件后续

628　843　2.2 万

吃瓜专业户

6 小时前 来自 唐博 tangbo.com

恶犬伤人依唐律要负刑事责任，张公子借着自己的权势操纵舆论，太可恨了，还诬陷对方碰瓷，这会给社会造成很坏的影响，建议官方对这位张公子加大惩罚力度。

长安城恶犬伤人事件后续

365　842　3641

机智的糖瓜

56 分钟前 来自 唐博 tangbo.com

一开始我也被张公子误导了，真没想到事情出现了反转，找到了目击者，希望丁某早日康复。

长安城恶犬伤人事件后续

148　549　2491

独家追踪：长安城恶犬伤人事件始末

长安城内发生一起恶犬伤人事件，某侯爷府中张公子对自己的宠物看管不力，导致路人丁某受伤。

此前，张某拒不承认是自己没拴好狗，并一口咬定是丁某戏耍自己的狗，所以才激怒狗狗，致其受伤。依唐律他并无过错，不需要负责，甚至还扬言要对丁某追责。

丁某则称自己从肉铺购物出来，在路上正常行走，被突然窜出的狗袭击，脚踝、胳膊、大腿共有五处咬伤，无法正常耕种劳作。他要求依法严惩张公子，并赔付自己的医药费和误工损失费。

张某利用舆论反击，并表示凡是要依律法为准，不能说弱者就有理。如果真的是自己的狗先冲撞了他，就拿出证据。

事发路段偏僻，路人少，丁某也不知道是否有目击者，所以只是叫苦不迭，大呼委屈，却始终拿不出有力证据。

就这样，双方各执一词，争执不下，事件一度升级。

后来，正是因为事件升级，舆论范围扩大，事件才出现了反转。有一对夫妻和一个车夫目击了事情经过，并出面为丁某做证。

最终，张公子和其宠物各受鞭笞四十，并赔偿丁某相应损失。

养狗而不对其管束，伤害他人，必定会受到惩罚。但大唐的养狗条例并不是一刀切，而是针对不同情境，受惩罚力度也各有不同。

唐律规定："以不施标帜、羁绊及狂犬不杀之故，致杀、伤人者，以过失论。过失者，各依其罪，从赎法。"

遛狗要拴绳，狂犬应杀之。如果因此而伤害他人，要依据被害人受伤程度对狗和主人论罪。

如果遇到狗主人故意放狗咬人这种性质恶劣的情况，就要接受比较重的刑罚。唐律有条例称："若故放令杀、伤人者，减斗杀、伤一等。"

唐律把杀人的行为分为故杀、斗杀和戏杀三种，其中"斗杀"指的就是原本没有杀心，因为斗殴而伤害致死。

另外，故意放狗咬人的人还有一个保辜期。"诸保辜者，手足殴伤，限十日，以他物殴伤人者，二十日，以刃及汤火伤人者，三十日。"

一般而言，放狗咬人的保辜期为二十日。如果被咬伤者在保辜期内死去，放狗的人要承担杀人的刑事责任；如果被咬伤者在保辜期外死去，或者在保辜期内由于其他原因死去，狗主人只需

元　钱选《明皇弈棋图》

要承担伤人的刑事责任。这是针对伤人事件中，伤人后不立即产生结果，加害方要根据受害者在一定期限内伤情变化程度而承担责任的特别制度。

唐律中还指明："啮人者，截两耳。"对于咬人的狗，剪去它的两只耳朵作为惩罚。

还有一种特殊情况，就是兽医在给狗治病的过程中被狗咬伤，如果狗主人花了钱，那么就不需要承担刑事责任。如果狗主人没有付钱，那么狗就需要承担相应责任。

为什么大唐对狗咬人的情况制定了如此详细的法律法规？其实，一切都是为了满足社会发展的需求。大唐盛世，百姓安居乐业，生活富足，也就有了闲情逸致，养狗就成了日常消遣。

贞观年间，《新唐书》记载："鹰犬之贡，远及于四夷。"开元年间，直接设立专门饲养宠物的五坊：雕坊、鹘坊、鹞坊、狗坊、鹰坊，后来又设立了典厩署、太仆寺、杖内六闲等机构，专门用来饲养和管理宠物。大唐人民已经把养宠物玩出了专业水准。

《酉阳杂俎》中记载着这样一个故事：有一次，唐玄宗和亲王下棋，贺怀智在一旁弹奏琵琶，杨贵妃在一旁饶有兴致地观棋。她眼看着唐玄宗输了好几步，就把宠物小狗放出去，让它弄乱棋局，帮唐玄宗避免了将输的局面。

随着时代的发展，宠物狗与人的生活联系也越来越紧密。狗是人类忠实的伴侣，在它们的陪伴下，人们多了快乐，少了孤单。但人们在享受与狗为伴的幸福时，还请记得遛狗拴绳，文明养狗。

民生

#新增千秋节　放假三天不串休

阅读 1837.8 万　讨论 6212　详情 >

大唐密探
主持人

导语：开元十七年（729 年）八月初五，皇帝生辰，丞相上表将这一天定为千秋节，放假三天不串休，与民同庆。

八卦果果
11 小时前 来自 唐博 tangbo.com

放假三天不串休，可真是太爽了，我要约上我的小伙伴去近郊旅游，再聚聚餐，喝点儿小酒，美滋滋。

#新增千秋节　放假三天不串休#

367　428　5210

吃瓜专业户

2 小时前 来自 唐博 tangbo.com

多了三天假而已，至于这么兴奋嘛！这三天我打算看看书，喝喝茶，不去景区看人挤人了。

新增千秋节　放假三天不串休

139　240　361

机智的糖瓜

12 分钟前 来自 唐博 tangbo.com

弘扬一个节日最好的方法，就是放假。吾皇英明，与民同庆，增加个节日。点赞！

新增千秋节　放假三天不串休

51　149　247

千秋节放假三天，公务员们纷纷为大唐最高领导人点赞

开元十七年（729年），大唐的公务员有件不大不小的开心事。因为他们又多了三天假期，且不需要串休。

这一年八月初五，又逢唐玄宗生辰，美人杨贵妃陪伴在侧。一众人在兴庆宫内的花萼楼前举行了盛大的皇家宴会。文武百官齐聚一堂，恭祝“吾皇万万岁”。开心的唐玄宗美滋滋地享受当下的快乐时光。

眼看着皇帝兴致高涨，以左丞相源乾曜、右丞相张说为首的一些老职场人又趁热打铁，奏请皇帝把他的生辰定为千秋节，相当于国庆节与民同庆。

《唐会要》中原原本本地记录了这件事：“开元十七年八月五日玄宗生日，左丞相源乾曜、右丞相张说等上表请以是日为千秋节……至天宝二年八月一日刑部尚书兼京兆尹萧炤及百僚，请改千秋节为天长节。”

中国人凡事都图个喜气，千秋节正是寄托了唐玄宗对这盛世千秋万代的美好期许。可想而知，他对下属这个提议很满意。

当皇帝的生日上升为国家的庆典，性质可就不一样了，一国庆典，自然是要气派。搞搞花样，也不会再有人说他奢侈。国之庆典代表着大唐的威严，不能含糊。宴会表演一样都不能少。

值得一提的是，千秋节不光有盛大的宴会，还有一个非常重

要的仪式，就是赠铜镜的环节。宴会结束后，唐玄宗会给大臣们赐予精美的铜镜作为伴手礼，并根据千秋节这个节日将其命名为千秋镜。

后来，唐玄宗诗兴大发，特地创作了一首《千秋节赐群臣镜》记录那段令他回味无穷的日子。不管别人怎么想，皇帝自己是感动得不行。

那么，要如何快速推行这个节日？

方法很简单，放假。三天小长假，举国同庆。

放假消息一出，全国上下的职场人都拍手叫好。其实唐代假期真的不少，但是对上班族而言，永远不会嫌假期太多。

《唐六典》记载，元旦、冬至都会放假七天。寒食节、清明节也会有四天假。还有八月十五日、七月七日、七月十五日、九月九日、立春、春分、立秋、秋分、立夏、立冬等，都会有相应的假期。

这一放假制度是唐玄宗时期的常规假期，其他皇帝在位期间

元　钱选《贵妃上马图》

可能会有一些增减，但总体差别并不会太大。除了上述常规假期之外，还有一些关于婚、冠、丧、探亲的非常规假期。

唐代人对婚、冠二礼极为重视。男子二十而冠，举行了冠礼表示该男子已成年。冠礼是很隆重的形式，要邀请父母长辈、亲朋好友参加。因此，如果有公务员家的儿子或者五服以内的亲人要举行冠礼，可以放假。

《唐六典》还规定："婚嫁，九日，除程。周亲婚嫁，五日；大功，三日；小功，一日，不给程。"这也就意味着，唐代公务员在孩子结婚的时候可以享受九天的假期，还会除去途中的时间，避免路途太远，把时间都耽误在路上，着实贴心。至于亲戚结婚的时候，也会根据亲疏远近，享有一天到五天的假期。

此外，唐代的公务员还享有定省节假，即探亲假。根据距离父母的远近，享有时间长短不同的假期。父母在三千里以外者，每三年有三十五天假（除旅程以外）；父母在五百里以外者，每五年有十五天假。这个制度对在外打拼的上班族而言极其友好。

若遇父母等直系尊长亡故，则依丧服制度强迫"丁忧"，解官停职居丧，长则三年（实际是二十七个月），短则三十六天。著名的大诗人李商隐在刚进入事业上升期时因为母亲去世，回乡丁忧三年，错过了黄金发展期。所以，从职业发展角度来讲，假期太长也不一定都是好事。

每年的五月份有十五天的田假，九月份有十五天置备寒衣的授衣假。

父母死后周年祭礼，放假一天，除父母外五服以内亲戚丧礼放假依据亲疏关系放假七天、十五天、二十天、三十天不等，授业老师去世给假三天。

天气不好了，也要放假。《旧唐书》和《唐会要》就有“以大雪放朝”“朝官遇泥雨……停朝参”的雪休、雨休的记载。

总之，在唐代做官，杂七杂八的假期加起来，每年可以放假一百天左右。

虽然唐代的假期很多，但考勤制度也很严格。

《唐律疏议》卷九《职制》记载，唐代政府为了防止官员上班期间“翘班”，规定上班期间要多次点名，“内外官司应点检者，或数度频点，点即不到者，一点笞十。注云：‘一日之点，限取二点为坐谓一日之内，点检虽多，止据二点得罪，限笞二十。若全不来，上计日，以无故不上科之’”。

《唐律疏议》卷九《职制》还对值班人员进行了规定：“若应直不直，应宿不宿，昼夜不相须，各笞二十。通昼夜不直者，笞三十。”由此看来，唐代值班期间如果“翘班”，也会被“鞭笞”。

唐德宗就曾明文规定，凡三品以上官吏，休假前要告假，假期满后要到衙门销假，否则就要扣发一个月的俸禄，情节严重者，还可能会被罢官。

但总体而言，唐代打工人的日子还是很舒服的，假期多，自由发展不“内卷”[21]。或许正因如此，不少文人才可以在充足的假期里吃吃喝喝交朋友，饮酒赋诗，成就了不少辉煌之作。

著名书法家接连被贬 其巨额开销来源引热议

阅读 4283 万　讨论 6631　详情 >

大唐密探
主持人

导语：某地方官员李邕常年被贬，却经常呼朋唤友，出入高档酒楼，或到各处风景名胜区旅游。有人发现，以李邕的俸禄根本无法支撑如此高的消费。一时间，李邕陷入了舆论旋涡，其收入来源引发争议。

八卦果果
3 小时前 来自 唐博 tangbo.com

李邕的书法写得很好，或许是出售字画赚来的呢！而且听说李邕这个人的风评挺好的，不至于会有作风问题。

著名书法家接连被贬　其巨额开销来源引热议

261　786　1.7 万

吃瓜专业户

52 分钟前 来自 唐博 tangbo.com

这个李邕赚得不多花得多，肯定有问题，就算是卖字画，也赚不了这么多钱啊！建议官方好好查查，如果真有问题，一定要严惩。

著名书法家接连被贬　其巨额开销来源引热议

114　257　360

机智的糖瓜

17 分钟前 来自 唐博 tangbo.com

大家不要听风就是雨，网暴李邕。据说李邕骈文写得好，是给别人写墓志铭赚的稿费，听说写墓志铭很赚钱的。

著名书法家接连被贬　其巨额开销来源引热议

12　109　1369

起底高消费官员李邕的巨额财产来源

唐　李邕《麓山寺碑》
（仅拓李邕落款部分）

一个经常被贬谪的官员，却出手阔绰，经常与友人出入高档餐厅，到处旅游。这种情况很难不让人胡思乱想。

这个人叫李邕，写得一手好字，文章也写得漂亮。

经广大网友深扒之后，可以确定，他真不是贪官。他这么有钱，主要是靠稿费得来的收入。因为他很擅长写碑文，也就是墓志铭。

身后事作为一个人最后的面子工程，人们都很重视，所以不惜重金请写手为自己的亡亲歌功颂德。《旧唐书·李邕传》中记载："邕早擅才名，尤长碑颂，虽贬职在外，中朝衣冠及天下寺观，多赍持金帛，往求其文。前后所制，凡数百首，受纳馈遗，亦至巨万。时议以为自古鬻文获财，未有如邕者。"

这么来看，李邕算得上是个靠笔杆子吃饭的手艺人。

著名的文学家韩愈也是个写碑文的高手，因为他的文笔好，名气大，所以他的稿费也更高。刘禹锡曾在《祭韩愈文》中说过："公鼎侯碑，志隧表阡。一字之价，辇金如山。"由此看来，韩愈也是墓志铭的资深写手。

白居易为元稹撰写墓志铭后收到了"臧获、舆马、绫帛、洎银鞍、玉带之物"等名贵物件。因为白居易和元稹是朋友，不愿意收钱，最后推辞不下，便把钱捐给了寺庙。

墓志铭的报酬如此丰厚，自然会吸引不少撰稿人，很多人为了赚钱，大笔一挥，不管逝者生前德行如何，都为其歌功颂德，甚至颠倒黑白，以求让雇主满意，从而赚取高额稿费。

《洛阳伽蓝记》中曾一针见血地指出："生时中庸之人耳，及其死也，碑文墓志，莫不穷天地之大德，尽生民之能事。为君，共尧舜连衡，为臣，与伊皋等迹。牧民之官，浮虎慕其清尘；执法之吏，埋轮谢其梗直。所谓生为盗跖，死为夷齐！妄言伤正，华辞损实！"

意思是说，有的人活着的时候很平庸，没什么作为，却在死后把天地之间的大德都写进自己的墓志铭里。如果是君王，那就与尧舜相媲美；若是臣子，就打造成和伊尹一样政绩斐然的"人设"。这种借助华丽的辞藻包装自己的行为，严重失实。

例如，唐玄宗有一位妃子皇甫德仪，《史记》记载，她很早就失宠了，在她重病期间，皇帝的心早就飞到了武惠妃那里，根本顾不上她。

但在墓志铭中，皇甫德仪摇身一变成了绝代宠妃。皇帝对她温柔体贴，每天都会亲自给她喂药，等到她睡了，皇帝还在门口徘徊，舍不得离去。而在她去世后，皇帝更是像汉武帝思念李夫人那样思念她。啧啧！可谓情深意切！

这样的墓志铭，算是留住了皇甫德仪最后的面子，也间接地帮助唐玄宗立了“模范丈夫”的深情“人设”。

事实上，唐玄宗的深情最终都用在了杨贵妃的身上。而现实又如此残酷真实，皇甫德仪之子李瑶，在其生母死后一年多，因为武惠妃的陷害，被“模范丈夫”唐玄宗杀了。

还有，吴王李恪的墓志铭上有“帝之爱子”“优宠特殊”这样的标签。但纵观他的一生，实惨。因为犯了一些小错误，就被一贬再贬，先后削去实封共六百户，只剩二百户的实封，可以说是唐太宗的儿子里混得最差的。

当初唐太宗曾心血来潮考虑过要立李恪为太子，但随即遭到众大臣的反驳也就不了了之，连个提名都没混上。

唐代有一位宰相韦思谦，他曾经续弦，娶了一个名叫王婉的姑娘为妻。王婉死后，她的墓志铭是这样写的：“前夫子子承庆，八岁偏罚，十岁便为夫人所养，抚存训奖，慈爱无隆，学宦婚娶，并夫人所成立。常谓所生子嗣立、淑等曰：时俗妇人，罕有明识，前妻之子，多被憎嫌，孝已伯奇，皆其人也。此吾之所深诫，亦尔辈所明知。”

在墓志铭中，她是个温柔的妻子、体贴的后妈。但实际上，她对继子韦承庆很不好，动不动就搞体罚。就连她自己的亲儿子都看不下去了，请求代哥哥受罚。所以，她的慈爱后妈形象不过是个“人设”罢了。

既然是人生盖棺论定的最重要的一篇小作文，很多人会充分运用墓志铭，给自己立“人设”。就算其中有假，因为自己都死了，死者为大，别人也不好说什么。

对死者，人们向来都会留有足够的尊重，但是有些人利用这种尊重，颠倒黑白，扭曲事实，实属心术不正。白居易就曾作《秦中吟·立碑》，对这种现象疯狂吐槽。

他直白地指出，石碑上人们歌功颂德，描绘得可与姜太公、孔子之类的大德比肩。正因如此，这些人才有机会被后世传颂，但有些有真才实干的人物却因为没有立碑，他们的名声只能被岁月湮没，只有当地熟识的人才知晓。

白居易讽刺了那些为了立碑歌功颂德、靠墓志铭立“人设”搞营销的行为。

通过这个话题想告诉大家，与其死后高价请写手写营销小作文，倒不如生前好好做点儿实事。

颜真卿接待王姓女子　为其办理离婚手续

阅读 7575 万　讨论 6634　详情 >

大唐密探
主持人

导语：一位王姓女子因嫌弃丈夫家贫意欲离婚，临川刺史颜真卿办理了这桩离婚案，并在当地引起了热议。

八卦果果
12 小时前 来自 唐博 tangbo.com

颜真卿大人把这个案子办得很漂亮，强扭的瓜不甜，女方既然已经没心思和男方过下去了，这婚姻也就没有继续下去的必要了。颜真卿大人让二人离了婚，同时惩罚了女方，又资助了男方，算是完美收场。

颜真卿接待王姓女子　为其办理离婚手续

326　2196　1.6 万

吃瓜专业户

4 小时前 来自 唐博 tangbo.com

这个女人真的是鼠目寸光，她的丈夫读书刻苦，将来一定会大有作为。嫌贫爱富，终是无法获得幸福的。希望男方能够早日遇到与之白头偕老的真心人。

颜真卿接待王姓女子　为其办理离婚手续

248　359　1653

机智的糖瓜

55 分钟前 来自 唐博 tangbo.com

拜金女太可恶，欺负老实人，感谢颜真卿大人的正义之举。另外，颜真卿大人的字真是绝！希望有幸求到他的一幅字。

颜真卿接待王姓女子　为其办理离婚手续

326　652　1421

女子嫌贫爱富欲抛夫，颜真卿办理棘手离婚案

嫌贫爱富的梗，一直在历史上反复上演。比如，大唐临川境内就发生过这样一件事。

有一天，临川刺史颜真卿（对，就是那个字写得特别漂亮的男人）接待了一位王女士，为其办理离婚案件。

王女士的丈夫是个读书人，名叫杨志坚，奈何家境不好，兜比脸干净，被妻子各种嫌弃，最后向其索要和离书。杨志坚给妻子写了一首诗《送妻》，表示同意离婚。

平生志业在琴诗，头上如今有二丝。
渔父尚知溪谷暗，山妻不信出身迟。
荆钗任意撩新鬓，明镜从他别画眉。
今日便同行路客，相逢即是下山时。

这文采按说能俘获不少粉丝，奈何在妻子的眼中，这只是个可以实现她离婚愿望的证明材料。她拿着杨志坚的这首诗来官府办理离婚手续。

颜真卿经过一番问询调查了解了案件情况。杨志坚一直钻研儒学，饱读诗书，文采斐然。偏偏遇到了如此愚昧的妻子，竟因为当下没有考中功名而选择和他离婚。她不愿意像冀缺的妻子那

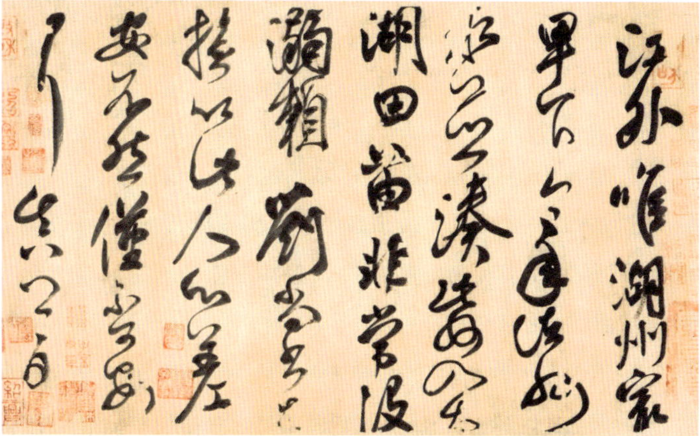

唐　颜真卿《湖州帖》

样，去帮丈夫成就事业，便像朱买臣的妻子那样抛弃自己的丈夫。这样的行为有伤风化，如果他不对此事有个明确的态度，怕是还会有人心存侥幸如此行事。所以，最后他判罚王女士二十大板，允许其改嫁。同时，他又资助杨志坚一些粮食布匹，让他在军队暂时担任某个职务。

颜真卿的处理方式让人们忍不住连连点赞，因为这个男人不光字写得漂亮，官也当得漂亮。同时，这个案件在当地产生了巨大的警示效应，“此后江左十数年来，莫有敢弃其夫者”。

这个案件不光让人见识了颜真卿为官的智慧，同时它也反映了一个更深层次的问题，那就是婚姻自由。此时的婚配虽然仍是“父母之命，媒妁之言”，但从另一个层面来讲，唐代人民无论男女都有了相对的离婚自由。

《新唐书·列女传》曾记载这样一个故事：唐高宗时期有个叫刘寂的人，他的岳父双目失明，妻子夏侯氏为了照顾父亲而选择和刘寂离婚，最后二人和离。夏侯氏的孝心被皇帝知晓后，皇帝大为感动，给了夏侯氏表彰赏赐。

这同样是一个由女方提出离婚并成功和离的案件。在唐代，解除婚姻有七出、和离、强制离异三种方式。其中“和离”指的就是双方协议离婚。

作为“七出”的补充条款，“和离”在某种程度上使丈夫的休妻权进一步扩大，虽然“和离”有一定的条件限制，但也让男女双方拥有了更多的婚姻自由。

和离的另一个重要的意义是，能够给彼此的分离留有体面。尤其对女方来讲，名节在当时尤为重要。在和离的《放妻书》中，不需要直述女方过失，而是一种和平分手。也才有了“一别两宽，各生欢喜”这一言论，赢得了无数人的赞许。离婚没必要写“小作文”把对方撕得体无完肤，大可以坦坦荡荡转身离去，各生欢喜。

而这句话，大概率会成为分手、离婚的最佳文案，一代代地传下去。因为在追求幸福的道路上，离别对一部分人来讲，也是刚性需求。

某女子为爱私奔　失去成为人妻的资格

阅读 3271 万　讨论 3842　详情 >

大唐密探
主持人

导语：著名诗人白居易发布新诗《井底引银瓶》，该诗记录了一个女子为爱私奔，最终酿成悲剧的故事。

八卦果果
9 小时前 来自 唐博 tangbo.com

《井底引银瓶》这首诗已经读过了，看完好生气，诗中的女主角太可怜了，付出这么多，却没得到幸福，真替她不值。

某女子为爱私奔　失去成为人妻的资格

526　658　2.5 万

吃瓜专业户
3 小时前 来自 唐博 tangbo.com

诗中的女主是恋爱脑，遇到了个没有担当的男人。希望有更多的人能看到白居易的这首诗，不要再有人重蹈覆辙。

某女子为爱私奔 失去成为人妻的资格

114　18　185

机智的糖瓜
19 分钟前 来自 唐博 tangbo.com

诗中的这个女子太傻了，为什么要私奔啊！在我们这个年代，私奔就相当于放弃了自己的幸福。

某女子为爱私奔 失去成为人妻的资格

12　109　1369

白居易发新诗，告诫广大女性恋爱结婚需理智

白居易写了一首诗，名为《井底引银瓶》：

井底引银瓶，银瓶欲上丝绳绝。
石上磨玉簪，玉簪欲成中央折。
瓶沉簪折知奈何？似妾今朝与君别。
忆昔在家为女时，人言举动有殊姿。
婵娟两鬓秋蝉翼，宛转双蛾远山色。
笑随戏伴后园中，此时与君未相识。
妾弄青梅凭短墙，君骑白马傍垂杨。
墙头马上遥相顾，一见知君即断肠。
知君断肠共君语，君指南山松柏树。
感君松柏化为心，暗合双鬟逐君去。
到君家舍五六年，君家大人频有言。
聘则为妻奔是妾，不堪主祀奉蘋蘩。
终知君家不可住，其奈出门无去处。
岂无父母在高堂？亦有亲情满故乡。
潜来更不通消息，今日悲羞归不得。
为君一日恩，误妾百年身。
寄言痴小人家女，慎勿将身轻许人！

这不仅仅是一首诗，更是一个悲惨的爱情故事。

白居易以华丽的文笔，以及一些高级的隐喻开篇。瓶沉簪折，指的就是诗中女主人公的命运。

故事讲的是，有个温柔貌美的女孩，爱上了一个小伙子。恋爱时浓情蜜意，海誓山盟，但后来两个人却在现实里处处碰壁。于是，女孩跟随爱人私奔，但也因此失去了明媒正娶成为人正妻的资格。

她在夫家侍奉公婆、照顾丈夫，一转眼就是五六年的光景。她全心全意地付出，却始终没能得到男方家庭的认可。就算是她为他生下的儿子，也无法成为夫家首选的继承人。

残酷的封建礼教，酿造了这场悲剧，却也让人无能为力。白居易将她的故事写了出来，希望更多的姑娘在爱情面前一定要保持清醒，避免这种悲剧再次发生。

《唐律·户婚》规定：子女未征得家长同意，私自建立婚姻关系的，法律予以认可，只有未成年而不遵从长者算违律。所以，在一定程度上，唐代的男女已经拥有了一定的恋爱自由。而白居易诗中所提及的女子之所以没有获得男方家庭的认可，很大程度上是因为他们的私奔行为让长辈们很不满意。

你可以自由恋爱，有问题解决问题，但脑袋一热就私奔，那就很难再获得幸福和尊重了。

正确的做法是，诗中的女子应该让家中尊长和男方家长沟通，订立婚书。如果双方沟通中存在什么问题，就解决问题，积极促成婚书的订立。一旦婚书立成，双方的婚姻就会受到法律保护，也不至于自己付出多年，仍是被人看不起，一点儿保障也没有。

再者，这女子很可能是遇到了“渣男”，恋爱的时候说尽甜言蜜语，但是一面对现实，却对自己的女人不管不顾，没有为她争取名分。

所以，无论何时，找男朋友一定要擦亮眼睛格外谨慎。

在唐代，如果想要顺利结婚，除了不要私奔，还有其他一些明令禁止的条例。

如同姓男女不能结婚。《唐律·户婚》规定：“诸同姓为婚者，各徒二年。”当时，人们认为婚姻的作用是传宗接代，为家族开枝散叶。同姓氏的男女属于同一宗族，不利于不同姓氏之间的繁衍发展。如果违反这一规定，当事者会被判处两年有期徒刑。当然，同音不同字这种情况不算。

如宗妻不婚。男性不能娶同宗族的妻妾做自己的老婆。也就意味着，如果一个女人的丈夫死了，她有权再婚，但要改嫁到其他宗族，不然就违法了。

如尊卑不婚。存在尊卑亲属关系的，无论是否在五服内，都禁止结婚。

除了上述规定，在婚姻禁止规定中，还有一些政策方面的因素，主要包括：不得与逃亡的女子结婚；监临官不得与所监临内的妇女为婚；良贱之间不得为婚。

综上，一个女子，若想自己的婚姻受到律法的保护，顺顺利利地结婚，要经历社会和法律的多重考验。所以，姑娘们，一定要擦亮眼睛，找个好人家。

白居易奋斗二十年　终圆住房梦

阅读 7612 万　讨论 5361　详情 >

大唐密探
主持人

导语：著名诗人白居易在职场打拼二十年，今天把家人接到长安，终圆住房梦。

八卦果果
4 小时前 来自 唐博 tangbo.com

白大人买房啦，恭喜恭喜。说实话，白居易的工资可不低，在职场打拼二十年，才在长安买房，足见长安的房价有多高。我等小民，也只有羡慕的份儿啦！

白居易奋斗二十年　终圆住房梦

459　1124　2.5 万

吃瓜专业户

18 分钟前 来自 唐博 tangbo.com

不愧是白居易“大神”，连买房都能写首诗，真是行走的作诗机器，灵感随时都有。爱了爱了！

白居易奋斗二十年　终圆住房梦

114　18　185

机智的糖瓜

3 分钟前 来自 唐博 tangbo.com

长安房价太高了，连白居易这样的高官、文豪，都要打拼二十年才买得起房，普通人不知道要奋斗多少年，真的是压力好大！

白居易奋斗二十年　终圆住房梦

12　109　1369

白居易买房启示录：
奋斗二十年买房究竟值不值？

生活不只有诗和远方，还有吃饭、穿衣和住房。远近闻名的大诗人白居易在职场打拼二十年后，终于拥有了属于自己的住房。

回想起自己这一路奋斗的历程，他心中忍不住涌起无限感慨和激动，有感而发，作诗一首：

游宦京都二十春，贫中无处可安贫。
长羡蜗牛犹有舍，不如硕鼠解藏身。
且求容立锥头地，免似漂流木偶人。
但道吾庐心便足，敢辞湫隘与嚣尘。

这首诗的名字叫《卜居》。虽然买房过程很不容易，但成功实现买房愿望的他还是让很多人羡慕，也让很多人产生共鸣。

这首诗的意思是，做京漂辛苦奋斗这么多年，连蜗牛、老鼠都不如，至少人家有个壳，有个窝。高房价的时代，普通人想要通过奋斗实现安居梦，的确不容易。

回想这艰辛的奋斗路，白居易总是会想起初次进京时拿着自己的诗去拜谒大诗人顾况的场景。

那一日，诗人顾况望着这个踌躇满志的后生，给了他一句过

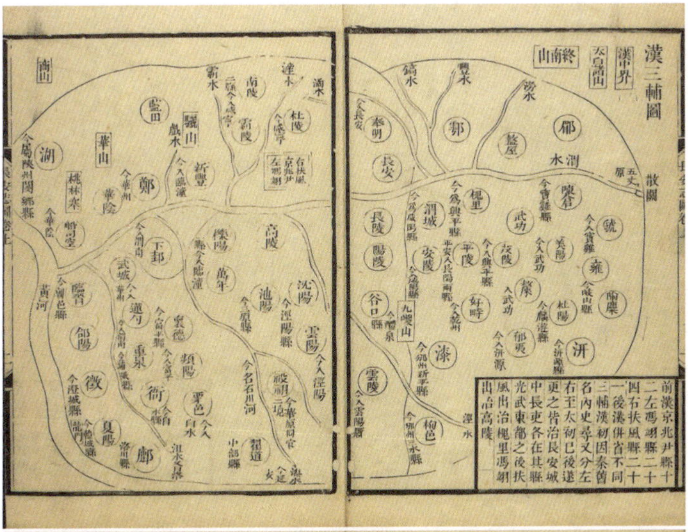
漢三輔圖
前漢京兆尹縣十二左馮翊縣二十四右扶風縣二十一後漢併省不同三輔漢初因秦舊名內史尋又分左右王太初已後遂更之皆治長安城中長吏各在其縣光武東都之後扶風出治槐里馮翊出治高陵

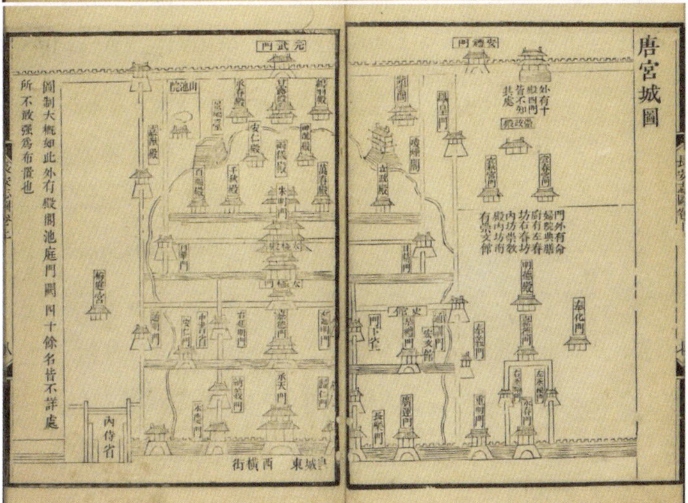
唐宮城圖
圖制大概如此外有殿閣池庭門闕凡十餘名皆不詳處所不敢強爲布置也

北宋　宋敏求《长安志》

来人的忠告，“长安米贵，居大不易”，有那么点儿劝退的意思：小伙子，长安不好混哪！

好在顾况看了他那首“离离原上草，一岁一枯荣。野火烧不尽，春风吹又生”的诗作之后，又改口“居即易矣”，算是对白居易才华的肯定。

白居易凭借自己的才华，还真在长安混出了点儿名堂，但“长安米贵”是真的贵。作为一线城市，长安的生活成本很高。

白居易做官的那些年，官位和俸禄着实也不低，但他一直没能攒够钱在长安置办住宅。

后来，白居易只能在渭南县买了一套房子，把家眷安顿到了渭南，过起了双城生活。放假的时候，他才回到家中和亲人团聚。庆幸的是，唐代公务员的假期不少。这种情况一直持续到他在长安拥有了自己的住房，那个时候他已经五十岁了。

奋斗二十年后，想必白居易一定会感慨，顾况老师“诚不欺我”。

另外一位大诗人韩愈也经历了艰辛的买房路，他的职位比白居易高，担任过京兆尹、吏部侍郎等高级官职，工资待遇自然不在话下，但也是奋斗了三十年才圆了住房梦。为此，他激动地写了一首《示儿》，其中就有这样的句子：“始我来京师，止携一束书。辛勤三十年，以有此屋庐。此屋岂为华，于我自有余。”

由这首诗可见，韩愈的快乐是难以言喻的，但同时又让人不由得想起另外一首诗——《茅屋为秋风所破歌》：“安得广厦千万间，大庇天下寒士俱欢颜。”杜甫胸怀天下的气魄令人赞服，但透着秋风的茅屋，也令人不由得辛酸。

奋斗几十年买个房，究竟值不值？可能很多人都觉得不值，但仍有很多人还在为之奋斗。因为家文化根植于我们的灵魂里，我们不是为了买一个“奢侈”的房子，而是为了拥有一个身安、心安之处。除此之外，在为一个家而努力拼搏的过程中，也实现了自我价值。

僧一行测量出了子午线的长度 为世界首次

阅读 3892 万　讨论 4544　详情 >

大唐密探
主持人

导语：僧一行测量出了本初子午线的长度，为世界上的首次测量，对世界天文学发展做出了重大贡献。除此之外，他还有许多重大发明接连问世，有的还流传至东洋。

八卦果果
12 小时前 来自 唐博 tangbo.com

僧一行真是太厉害了，虽然不明白本初子午线是什么，却是实实在在地为我们争了个世界第一，自豪！期待我们的大科学家搞出更多的大发明。

僧一行测量出了子午线的长度　为世界首次

324　561　1269

吃瓜专业户

5 小时前 来自 唐博 tangbo.com

僧一行真的是一位不折不扣的科学家，出手就是“王炸”，他的创造力实在太强了，感觉他不像我们这个时代的人，莫非他是从未来穿越到唐代的?

僧一行测量出了子午线的长度　为世界首次

161　18　185

机智的糖瓜

10 分钟前 来自 唐博 tangbo.com

僧一行的伟大贡献不仅仅是测量了本初子午线，他还和团队制造了水运浑天仪，在前人的基础上制定了《大衍历》，并且传到了日本。可以说，僧一行已经在我们的历史上写下了浓重的一笔。

僧一行测量出了子午线的长度　为世界首次

12　109　1369

天才科学家、国之栋梁——僧一行

僧一行测量本初子午线，这个消息迅速登上了大唐的热搜。

“本初子午线”是什么？大多数人听起来蒙蒙的，和日常生活似乎也扯不上什么关系。不过这个东西既然和天文相关，和茫茫宇宙相关，一下子就上升了高度，有了一种“不明白，但觉得好厉害”的效果。

世界第一，听起来就很带感，所以自然而然地就有很多话题。于是，专业人士研究本初子午线的现实意义，普通群众则开始琢磨起这位僧人的传奇人生。

僧一行本名叫张遂，生于咸亨三年（672 年），青年时期出家做了和尚。他从小就非常聪明，是个科学小天才，精通天文、历法和仪器制造，研究一些当时人们无法理解的东西，搞一些发明和创造。

科学这个东西，外行的人觉得搞不懂很神秘，内行人却觉得越研究越上瘾。

有一次，僧一行设计了一种叫覆矩的测量工具以测量北极仰角，并根据观测数据绘制了二十四幅覆矩图。他计算出北极高度每差一度，南北两地即相隔三百五十一里八十步。这个距离正是地球上子午线上一度的长度。这个测量虽然不是非常精确，却是人类测量子午线的开端，有着划时代的意义。

在科学领域中，僧一行不只有测量子午线这一件事。比如，他还和小伙伴们制造了水运浑天仪，这个以水力推动而运转的浑象，附有报时装置，可以自动报时。

这个水运浑天仪改进了汉代科学家张衡的设计，注水激轮，令其自转，昼夜一周。除了表现星宿的运动以外，还能表现日升月落，比张衡的浑天仪更加精巧、复杂。

所以，当这部自动装置出现在皇帝的大殿上时，满朝文武都惊呆了，忍不住竖起大拇指。

最精彩的部分是，在这个水运浑天仪上，还设有两个木人，这两个小人儿是用齿轮带动的，一个木人每刻钟自动击鼓，一个木人每个时辰自动撞钟，妥妥的古代计时机器人。这个发明创造在当时来讲，也是世界级的大发明。

僧一行在科学之路上一直没有停步，他后来又研究历法，主张在实测的基础上修订历法。所以，在经过几年的天文观测后，他以刘焯的《皇极历》为基础重新编写历法，并加入了一些创造性的计算方法，最终完成了《大衍历》。不幸的是，僧一行在完成《大衍历》的同一年去世了。

经过验证，《大衍历》比当时已有的其他历法，如祖冲之的《大明历》、刘焯的《皇极历》、李淳风的《麟德历》等都要精密、准确得多。这部《大衍历》于开元二十一年（733 年）传入日本，使用了近百年。

僧人法海在地基中发现大量黄金并上交国家

阅读 8012 万　讨论 3456　详情 >

大唐密探
主持人

导语：法海禅师在修建寺庙时挖出大量黄金，并在第一时间上交国家。皇帝大为感动，又将这批黄金作为财政支出拨款拨给了寺院。

八卦果果
3 小时前 来自 唐博 tangbo.com

法海禅师真是有境界，那么多黄金他都不动心。

僧人法海在地基中发现大量黄金并上交国家

231　1124　2987

吃瓜专业户

2 小时前 来自 唐博 tangbo.com

法海禅师真是运气爆棚，这大概是他修身礼佛积下的善缘吧！据说，法海禅师出家前是个饱读诗书的官二代，是被亲爹送来出家为僧的。

僧人法海在地基中发现大量黄金并上交国家

114　459　621

机智的糖瓜

42 分钟前 来自 唐博 tangbo.com

法海禅师高风亮节，一心礼佛，广修善缘。但我听说竟然还有人造谣法海禅师，胡编乱造一些故事，破坏法海禅师的名声，真是太可恨了！

僧人法海在地基中发现大量黄金并上交国家

95　197　143

官二代裴文德被父亲送进寺庙做了和尚，成为“锦鲤”法师

在所有痴男怨女的爱情故事里，总会有一个棒打鸳鸯的反派形象，比如《白蛇传》。《白蛇传》里，白素贞和许仙一妖一人真心相爱，偏有和尚法海扛着正义的大旗，把两人活活拆散。后来看到或听到这个故事的人都忍不住痛斥：法海，你没有心！

所以，广大群众都记得有个叫法海的和尚很无情，可很少有人知道真正的法海有多么无辜。

真正的法海禅师俗家名字叫裴文德，是个正经的官二代。他的爸爸叫裴休，曾官至丞相。

裴文德从小享受着最好的教育资源，并不负众望地考上了状元，一时风光无两。正在这位少年郎摩拳擦掌，要大干一场时，他的爸爸给了他一个新的人生规划。

朝堂险恶，仕途波折，你还是别蹚这浑水，就让爸爸自我沉沦好了。爸爸送你去寺院修行，在寺院里过清静的生活，领悟人生的真谛。多好！

后来，机会来了。皇子得了一场大病，遍请名医，怎么都治不好。当时担任宰相的裴休想了个小妙招，让自己的儿子代皇子出家，保佑皇子康健。于是，他把儿子裴文德送到了密印寺，剃度出家。寺中的住持灵佑禅师为其赐号“法海”。

虽然这座寺庙是爸爸捐的，法海算是带资进庙，却完全没

明　张宏《金山胜概图》（局部）

有架子。在这里，他和其他僧人一起担水劈柴，做苦行僧，服务大众。此后，他闭门参禅三年。出关后，法海下山四处云游。最终，他来到了江苏的某片荒林里，重建寺庙，打算在这里停下来。

或许是因为法海广修善缘，运气被开了光，又或许这是上天给他的又一次考验，在挖地基的时候他挖到了大量黄金。法海没有把这些黄金据为己有，而是立刻上报，上交国家，盼望着这些金子能造福百姓，妥妥的拾金不昧。

皇帝大为感动，下令将这些金子作为财政支出，拨发给寺院，并为寺院赐名——金山禅寺。法海则成为这座禅寺的开创者，被人们称为“开山裴祖”。你看，多好的一段佳话。

法海禅师一直忙着修行、礼佛、参禅，从来都不存在拆散别人姻缘这一说。仅有一个法海驱赶咬人白蛇的小故事。

或许就是这个小小的插曲，在毫无根据的情况下被人们传得神乎其神。并在后世的某天，戳出了一个叫冯梦龙的文人的灵感。于是，法海成了从蛇妖口中救出被困青年的高僧。不过，在此时还好，法海还算是个正面形象。

时间久了，人们对这种中规中矩的故事失去了兴趣。于是，法海拥有了各种奇奇怪怪的“人设”，性格也逐渐扭曲，甚至一度成为反派，故事情节也越发夸张。

不过，既然人们看得很快乐，就随他们去吧。

法海不言，这是无奈，又或许是慈悲。

上巳节节日福利　我们发了柳枝

阅读 6735 万　讨论 5526　详情 >

大唐密探
主持人

导语：李显登基称帝，彼此上巳节将近，关于节日福利人们有多种预测，最终皇帝为众臣发放柳枝。

八卦果果
7 小时前 来自 唐博 tangbo.com

哈哈哈，这节日福利未免有些太潦草了吧，发个柳枝消灾祈福。

上巳节节日福利　我们发了柳枝

526　1390　1690

吃瓜专业户

3 小时前 来自 唐博 tangbo.com

其实皇帝已经很用心了，礼轻情意重，皇帝钦赐柳枝，为官员消灾祈福，这已经是很大的恩典了，做人不要太贪心，一定要贵一点儿的福利才是好的吗？

上巳节节日福利　我们发了柳枝

114　368　921

机智的糖瓜

56 分钟前 来自 唐博 tangbo.com

新任皇帝是从苦日子里熬出来的，很不容易，不要太苛责。过节日是为了传承我们的文化传统，又不是为了赚好处。

上巳节节日福利　我们发了柳枝

334　562　743

新皇帝李显登基　节日福利引争议

每到节日来临，打工人多少都会有些期待，今年会发啥福利。

这一年，大唐换了新老板，李显上位。三月三是上巳节，算是个重要节日。官员们忍不住猜测，新皇登基，会不会有什么大福利？

唐中宗李显，虽然贵为皇帝，但他的运气其实不怎么样。爸爸惧内，妈妈很强势。因为妈妈迷恋权势，大哥、二哥都死在了太子位上。而彼时他已经继承大统，兄弟们的前车之鉴让他惶恐不安，每天都承受着巨大的心理压力。终于，他的妈妈如他所料，开始对他下手了，李显被软禁了十四年。虽然远离了烫人的皇位，但是，被软禁的每一天，都让他绝望和崩溃。

没有希望地活着就是等死，这来自原生家庭的阴影，或许一生都挥之不去。

神龙政变后，李显大翻身。虽然做了皇帝，但压抑的人生经历已经塑造了他的性格。他比兄弟们更有帝王运，但完全没有帝王气，所以做事很小家子气，也自然不会有什么大手笔。

他对身边曾和他一起受苦的妻、女加倍补偿，她们说什么就是什么。但他对自己的臣子，可完全是另外一副面孔。

三月三日，赐侍臣细柳圈，带之免虿毒。寒食，

> 赐侍臣帖彩毬，绣草宣台。立春，赐侍臣花树。腊日，赐北门学士口脂、蜡脂，盛以碧镂牙筒。

这就是皇帝给臣子们的节日福利，被记录在了《酉阳杂俎》里。三月三，群臣们接过细细的柳条，嘴里说着“谢主隆恩”，心中却早已吐槽了万字长文。

给大臣发柳树枝圈圈，说戴着能避毒虫。

嗯，皇帝不是抠，只是很贴心。

寒食节，大臣下班回家，老婆兴高采烈地问过节发了什么福利。

嗯，发了个空气！

腊八节，给大学士们发了个润唇膏和护肤精油。

杜甫曾提笔写下《腊日》：

> 腊日常年暖尚遥，今年腊日冻全消。
> 侵陵雪色还萱草，漏泄春光有柳条。
> 纵酒欲谋良夜醉，还家初散紫宸朝。
> 口脂面药随恩泽，翠管银罂下九霄。

礼物虽然微薄，但是对于臣子而言，御赐之物还是很有排面的。也许偶有人吐槽两句，但更多的时候，还是会拿出来显摆一下，此乃御赐之物！而且，把这礼物给子孙后代传下去，说不定会成大宝贝呢！

柳宗元发文讲述被坑经历 药铺掌柜被问责

阅读 6732 万　讨论 17753　详情 >

大唐密探
主持人

导语：近日，柳宗元病重，服药多日不见好转，经调查发现，其所服用的茯苓为野芋头假冒。有关部门已经立案，涉事掌柜被刑拘。

八卦果果
3 小时前 来自 唐博 tangbo.com

把野芋头当茯苓卖，黑心商家差点儿害了柳宗元大人。食品安全、药品安全不容小觑，这种赚黑心钱的奸商就该重罚。感谢柳宗元大人揭发奸商！

柳宗元发文讲述被坑经历　药铺掌柜被问责

326　1364　3261

吃瓜专业户

1 小时前 来自 唐博 tangbo.com

现在的人为了赚钱都敢出卖良心吗？治病救人的药材还敢造假，一定要严惩不贷。希望柳宗元大人早日康复。

柳宗元发文讲述被坑经历　药铺掌柜被问责

162　241　630

机智的糖瓜

1 分钟前 来自 唐博 tangbo.com

无论是食品安全，还是药品安全，都值得重视。其实咱们大唐对食品和药品的安全管理已经很严格了，但还是有人铤而走险。我们群众也应该时刻警惕，及时揭发检举，共同守护我们的身心健康。

柳宗元发文讲述被坑经历　药铺掌柜被问责

160　147　720

药品安全问题不容小觑
文豪柳宗元被奸商坑害病重

售假坑人，一直被人们深恶痛绝，尤其是售卖假药，更是谋财害命。文豪柳宗元就不幸中招被坑。

有一天，柳宗元感到胸闷气郁、心悸难安，便去问诊。医生开了方子，柳宗元按方抓药，回去之后按时服药，病情却不见好转，反而越发严重。柳宗元的第一反应是自己碰上了庸医，便带着药渣去找医生问责。

医生也吓坏了，拿着药渣仔细辨认后，发现自己给柳宗元开的药方里是茯苓，但柳宗元带来的药渣却是野芋头。二者形似，但功效完全不同。也就是说，药铺掌柜以廉价的野芋头充当茯苓来卖。

卖假药可不是儿戏，最后这个药铺掌柜被官府判坐牢一年，并流放边疆，实在是罪有应得。

经历此事之后，柳宗元还特地写了一篇《辨伏神文并序》，讲述了自己被骗的经过，提醒更多的人买药时要提高警惕，以免上当受骗。

和药品安全问题同等重要的就是食品安全问题，据说，大诗人杜甫就是因为食用了变质的牛肉而死。当时年迈的杜甫一直流离失所，后来他到了耒阳县，当地县令是他的粉丝，给他送去了不少白酒和牛肉。当时正值酷暑，那么多牛肉一次也吃不完，由于保存不当，牛肉变质，杜甫最后因食物中毒而死，诗坛巨星就此陨落。

“民以食为天”，作为普罗大众的头等大事，饮食安全不容小觑，而管理最基本的操作就是立法。中国历史上第一部“食品安全法”出现在周朝，当时的周律是这么规定的：“五谷不时，果实未熟，不鬻于市。”也就是说，变质的粮食和没长熟的瓜果等，是不能放到市场上售卖的。

汉朝时规定食品变质之后要立刻销毁，否则一旦发生意外情况，要对相关责任人以及官员进行问责和惩罚。

到了唐代，食品安全管理更为严格，《唐律疏议》卷十八中第二百六十三条就有记载：“脯肉有毒，曾经病人，有余者速焚之，违者杖九十；若故与人食并出卖，令人病者，徒一年，以故致死者，绞。即人自食致死者，从过失杀人法。”

意思是说，变质的食品一定要立刻销毁，否则会被杖打九十。如果不销毁，送人或继续出售而致人患病则要坐牢一年。如果直接致人死亡，那么食品所有者要被判处绞刑。而别人在不知情的情况下吃了本该销毁的食物，食物所有者要按照过失杀人罪来量刑。

这么来看，唐代人不光很会吃，在吃的问题上也很谨慎。

花花公子李义府促进陪酒女职业立法

阅读 7342 万　讨论 6537　详情 >

大唐密探
主持人

导语：长安教坊司作为唐代娱乐领域的支柱产业，生意格外火爆。但教坊司的陪酒女却面临诸多职业困境，因其职业特殊性，个人安全无法得到切实保障。近日，花花公子李义府流连教坊司，期间因争夺陪酒女与人产生争执，而这一事件也加快了陪酒女职业的立法。

八卦果果
5 小时前 来自 唐博 tangbo.com

李义府的风评一直很差，但这一次算是阴差阳错做了件好事。陪酒女的身份虽然被一些人诟病，但这也是她们赖以生存的职业，她们的人身安全也应该得到法律保障。

花花公子李义府促进陪酒女职业立法

321　658　1.1 万

吃瓜专业户

49 分钟前 来自 唐博 tangbo.com

教坊司生意好，陪酒女赚钱也很多，但她们的日子并不如看上去的那么风光，很多陪酒女都遭受过客人的非礼。只有加快立法，才能更好地维护她们的人格尊严。

花花公子李义府促进陪酒女职业立法

114　18　185

机智的糖瓜

12 分钟前 来自 唐博 tangbo.com

支持陪酒女职业立法，以免那些客人胡来。教坊司作为唐代娱乐产业支柱，如果不加以规范管理，很容易出乱子的。

花花公子李义府促进陪酒女职业立法

12　109　1369

揭秘陪酒女行业不为人知的一面

皇帝跟前的大红人李义府，在民间风评很差，是个酷吏，还是个花花公子。

据传闻，李义府有很多中意的陪酒女，有时候他还没来得及出手，就被其他人抢先一步。李义府气不过，就要对这些人动私刑。

皇帝知晓这事后，干脆召集官员商议立法事宜。陪酒女职业在唐代盛行，侵犯陪酒女的事件时常发生，严重影响社会安定，也的确应该加快立法。于是，有了《唐律疏议·杂律》中的规定，“若奸杂户、官户妇女者杖一百”，即如果侵犯了陪酒女，轻则要挨一百大板，重则甚至可能遭受流放或绞刑。

很多人以为陪酒女就是做皮肉生意的。事实上，很多陪酒女是卖艺不卖身的。

唐代的青楼不叫青楼也不叫妓院，而是官办教坊。当时最有名的是平康坊，是唐代最著名的红灯区。坊相当于现在的城市的一个辖区。那时长安在皇城以南，共有三十六坊；在皇城、宫城东西侧，共有一百一十坊。坊间的街宽四十米至六十米。每坊为四区，每区中又有小十字街，再分为四小区，全坊共分十六小区，每小区用三条横巷划分，内建住宅。但大贵族官员不受此限，有的豪宅甚至可占半坊甚至全坊。

陪酒女有官妓、家妓、歌妓、营妓、饮妓等不同类别。这个行业很“内卷”，想要成为出色的陪酒女，不仅要肤白貌美长相讨喜，还要懂点儿诗词歌赋、歌舞乐器。没点儿才艺，根本没法出席达官贵人的高级宴会。

而且，既然是官办性质，必然会上升到专业高度。所以，陪酒女都会有一个岗前技术培训，学一些音乐、舞蹈、诗词、绘画等艺术课程，培养艺术素养，开阔眼界，这样才能和达官贵人们从诗词歌赋谈到风花雪月。甚至有时候还得懂点儿心理学，学点儿专业话术，嘴甜会唠嗑儿，才能让客人满意。

在唐代，有一些女子，因才学过人，更是芳名远播，并留下了不少作品，如张窈窕、薛涛、刘采春、鱼玄机、李冶等。

人们在教坊消费，主要的并不是发泄肉体的欲望，更多的是为了寻求精神上的快乐满足。

一边品着美酒佳肴，一边有漂亮姑娘陪伴，大家一起读读诗、喝喝酒、聊聊天，时不时地再来一段助兴小表演。或是偶尔约上几个老友，到教坊聚一聚，叫几个谈得来的漂亮姑娘，和朋友推杯换盏小酌一番，不失为一件乐事。

教坊里的姑娘们个个都是搞气氛的高手，暖场助兴，手到擒来。正因如此，才让社会各界人士流连忘返。

教坊高质量的服务，使得客户黏性很高，整个产业发展极为繁荣。

此外，很多陪酒女服侍的都是达官贵人，尤其是平康坊内的陪酒女，那可不是一般角色。有一些陪酒女与达官贵人交好，能够以交际花的身份帮人牵线搭桥。所以，一些优秀的陪酒女，在有意无意间具备一定的政治功能。

虽然有些陪酒女整日里吃喝玩乐，游走于一个又一个高端宴会，但从身份上来讲，她们的社会地位依旧低微，故而她们的人身安全并不能得到充分的保障。直到陪酒女得到了立法保护，她们的职业安全感才大大提升。因为从今以后，她们只做自己职责范围内的事即可，客户的其他无理要求，她们有权拒绝，这是法律给她们的底气。

时尚

大唐的鲤鱼

著名诗人元稹化身“美妆达人” 总结女子化妆步骤

阅读 1939 万　讨论 5563　详情 >

大唐密探
主持人

导语：只有懒女人，没有丑女人。对于爱美的女人来说，化妆就是头等大事。但是妆要如何画才好看，也因人而异。近日，情诗小王子元稹发布新诗，总结了女子化妆的步骤，获得广大女网友的火热追捧。

八卦果果
8 小时前 来自 唐博 tangbo.com

元稹太有心了，竟然总结了女子化妆教程。姐妹们，赶紧画起来呀！路转粉，支持元稹“大神”。

著名诗人元稹化身“美妆达人”　总结女子化妆步骤

367　1682　1.4 万

吃瓜专业户

31 分钟前 来自 唐博 tangbo.com

元稹不光诗写得深情，心思也细腻，出化妆教程这操作真是太绝了，估计又会涨不少女粉丝吧。

著名诗人元稹化身“美妆达人” 总结女子化妆步骤

101　136　286

机智的糖瓜

12 分钟前 来自 唐博 tangbo.com

怪不得元稹有这么多女粉丝，今天终于理解了。虽然元稹被质疑是个“渣男”，但不得不说，他的创作水平一直在线，并且很有想法。

著名诗人元稹化身“美妆达人” 总结女子化妆步骤

121　320　241

元稹发布新诗，被诸多千金小姐奉为化妆教程

元稹发了新诗《恨妆成》，在女粉丝中掀起了热潮，因为心细如发的元稹，用唐代最时髦的方式，写了大唐女人最感兴趣的话题——化妆。

晓日穿隙明，开帷理妆点。
傅粉贵重重，施朱怜冉冉。
柔鬟背额垂，丛鬓随钗敛。
凝翠晕蛾眉，轻红拂花脸。
满头行小梳，当面施圆靥。
最恨落花时，妆成独披掩。

这首诗里，将女子化妆概括为七步：敷铅粉、抹胭脂、画黛眉、施面靥、贴花钿、描斜红、点口脂。

第一步：敷铅粉，指的就是先打上一层粉底，提亮和均匀肤色。

第二步：抹胭脂，也就是涂腮红，让两颊看起来红润有气色，以达到一种“人面桃花相映红”的效果。浓的叫“酒晕妆”，淡的是“桃花妆”。

传闻，贵妃娘娘杨玉环因为妆太浓，夏天的时候流的汗都是

红色的。诗人王建在他的《宫词》里就曾写道,“归到院中重洗面,金盆水里泼红泥”。

第三步：画黛眉，这是个精细活儿，对整个妆面影响很大，不同的眉形会展现出不同的精气神儿。唐玄宗在四川曾令画工画《十眉画》，就有鸳鸯眉、小山眉、五岳眉、三峰眉、垂珠眉、月棱眉（又名却月眉）、分梢眉、逐烟眉、拂云眉、倒晕眉等十种，但这么多眉形在直男眼中可能就分粗、细两种。

第四步：施面靥，在酒窝处对称地点上胭脂，达到一种梨涡浅笑的效果。

第五步：贴花钿，花钿是女子妆面的重要部分，额前小小一处，彰显审美、身份等，且能玩出不少花样。因为花钿有很多颜色，最常用的是红色，这可能是中国人文化审美的选择。喜庆亮眼，能衬托女子的娇美。

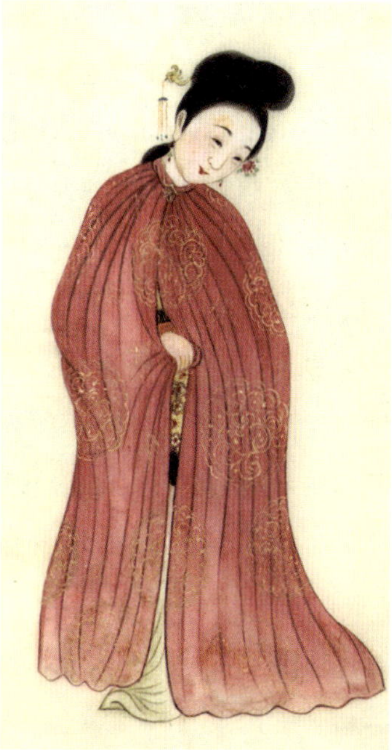
清　周培春《周培春民俗画系列》

花钿样式很多，剪花钿的材料，有金箔片、珍珠、鱼鳃骨、鱼鳞、茶油花饼、黑光纸、螺钿壳及云母等多种。女子将心仪的材料剪出漂亮的花钿，最后用鱼鳔胶或阿胶粘贴。流行的款式每段时间各有不同，一般皇室贵族女子的花钿款式会成为风向标。

第六步：描斜红，在脸颊两边，太阳穴部位描上如同月牙般的两抹艳红。这种妆容最初是怎么来的？有传闻说魏文帝曹丕宫中有一个漂亮的宫女，名叫薛夜来，文帝很喜欢她。有一天晚上，文帝在灯下读书，薛夜来前来服侍，一不留神撞到了屏风，额头顿时鲜血直流，伤口愈合后在眼尾两侧留下了两道疤痕。但是文帝却觉得这两道疤痕衬得她更美了，对她也越发宠爱。其他宫女见了，也开始画起了仿妆，特意在同一处画上这两道血痕，这种妆式逐渐发展，就成了斜红。

第七步：点口脂，这是整个妆面的重头戏，没有一个女人能抵挡住口红的魅力。很多人即使懒得化妆，也不忘给自己涂个口红来提提气色。当时用来制作口红的材料就有三十多种。最流行的色号当然还是正红色，而对口唇的审美则是倾向于樱桃小口。

由上述步骤可见，我们的情诗小王子元稹完全具备美妆博主的素养。

杜甫在《新婚别》中写“罗襦不复施，对君洗红妆”；温庭筠则在《菩萨蛮》中写“懒起画蛾眉，弄妆梳洗迟”，相对于其他诗人的小情小调，元稹的专业性更强，广大女粉丝们忍不住直呼“专业”！

作为大唐的女子，美容、化妆都是常规操作。因为大唐国力强盛，经济繁荣，人民腰包鼓起来之后就开始有了更高的审美追求。所以，女子在化妆技术上的追求也越来越卓越。

皇帝李豫庆祝圣诞节

阅读 7796 万　讨论 5332　详情 >

大唐密探
主持人

导语：皇帝李豫御赐天香，庆祝圣诞节，此消息一出又引发广大百姓的讨论。

八卦果果
9 小时前 来自 唐博 tangbo.com

圣诞节是什么节日？怎么从没听说过，名字还挺时髦的，又要放假了吗？

皇帝李豫庆祝圣诞节

203　314　2846

吃瓜专业户

2 小时前 来自 唐博 tangbo.com

我们唐代的节日很多，但是圣诞节还是头一次听说，谁能给科普一下，这节日是怎么来的，有什么讲究，要怎么过？

皇帝李豫庆祝圣诞节

120　203　621

机智的糖瓜

55 分钟前 来自 唐博 tangbo.com

听说，圣诞节是从西方传过来的，具体要怎么过还真不知道，实在不行，我们就吃饺子吧！

皇帝李豫庆祝圣诞节

32　108　142

圣诞节是什么节？圣诞节要怎么过？

“又要放假了吗？”

“圣诞节是皇帝的生日吗？不对呀……”

…………

大唐的小伙伴们第一次听到圣诞节的时候，的确一脸蒙，但又对此非常感兴趣，因为过圣诞节的提议是大唐代宗皇帝亲自提出来的。

《大秦景教流行中国碑》中记载：“代宗文武皇帝恢张圣运，从事无为。每于降诞之辰，锡天香以告成功，颁御馔以光景众。”

从这段文字中，我们可以大致了解，皇帝之所以提出过圣诞节的倡议，是为了支持景教（基督教），所以特地在圣诞节为教徒们分发香饼，让大家开心一下。

也就是说，唐代宗非常支持景教（基督教）的发展，每年圣诞节，皇帝都会给大秦寺（景教十字寺）赐香、赐美食，让大家开开心心地过节。

景教在唐太宗时期传入大唐，传教士阿罗本带着《圣经》与耶稣画像，一路跋涉来到繁盛的长安城。在这片东方的土地上，他受到了极高的礼遇，唐太宗对其表示了极大的欢迎：“总仗西郊，宾迎入内。”

三年后，唐太宗下诏：“波斯僧阿罗本，远将经教，来献上京。详其教旨，玄妙无为，济物利人，宜行天下。所司即于义宁坊建寺一所，度僧廿一人。”

这也是丝绸之路带来的不同文明的碰撞与交融。虽然当时很多百姓对此了解甚少，但是随着时代的发展，这些文化的种子会不断成长，长出一片独特的绿荫。

虢国夫人春游　颜值不输贵妃

阅读 1378.8 万　讨论 3242　详情 >

大唐密探

主持人

导语：近日，大唐贵妃杨玉环的姐姐虢国夫人与韩国夫人姐妹二人携侍从出游，虢国夫人衣着华丽，妆容精致，美艳动人。

八卦果果

10 小时前 来自 唐博 tangbo.com

太尴尬了，虢国夫人的团队买的热度吧？春游有什么值得吹的。靠着好妹妹杨贵妃上位，跻身上流社会，却有意无意总想踩妹妹一脚搞“雌竞”，真是败光路人缘。而且明明是虢国夫人和韩国夫人两姐妹同行，就只有虢国夫人一人上了热门搜索榜。

虢国夫人春游　颜值不输贵妃

218　2139　3100

吃瓜专业户

1 小时前 来自 唐博 tangbo.com

虢国夫人颜值的确很高，但骄奢淫逸，风评太差。当年凭着妹妹杨玉环的恩宠被封为虢国夫人。听说她途经之处，都会丢弃不少珠宝玉器，香粉味儿飘达数十里。最让人无语的是，她极不检点，竟然跟自己的妹夫唐玄宗眉来眼去，还跟杨国忠同车出行，一点儿都不知道避嫌。我呸！

虢国夫人春游　颜值不输贵妃

103　281　310

机智的糖瓜

10 分钟前 来自 唐博 tangbo.com

不喜欢虢国夫人，虽然现在被封为一品夫人，过上了锦衣玉食的生活，但总感觉她有种暴发户的气质，就知道吃喝玩乐，混迹于名流圈，没档次，没品位。据说，有一次杨贵妃因为吃虢国夫人的醋，对唐玄宗说了狠话，一赌气回了娘家，后来经过一番波折，两人才和好呢。

虢国夫人春游　颜值不输贵妃

304　213　348

虢国夫人春游引热议

游春是一个早在先秦时期就流行开来的社会风俗，春暖花开的时候，出去溜达溜达，整个人都特别有精气神儿。到了魏晋时期，游春不光是赏美景，更是一种精神享受。最著名的当数“竹林七贤”，他们常在风和日丽的春天，约在林子里，喝喝酒、唱唱歌，舞文弄墨，切磋才艺。

到了唐代，游春成了一项热门活动，不论是贫民还是贵族，都会选一个风和日丽的好日子，去踏青、郊游，享受美好的时光。以每年的三月初三为盛，此外在立春和清明节前后，也同样是春游旺季。

大唐时期，国力强盛，经济发展快，人们的腰包也鼓了起来，也更会享受生活。这一点也使郊游的风格有所改变。

人们会打扮得漂漂亮亮盛装出行，在风景宜人的郊外支个桌子，吃吃喝喝，边赏美景边唠嗑。有条件的还会带着不少仆人伺候，别提多舒坦了。

大唐皇帝也爱游春，唐太宗经常去春猎。唐玄宗为了让游春有个好去处，还特地把汉武帝当年所造的“曲江池”重新装修了一番，使之成为长安城一个春季旅游胜地。

唐风开放，女子的生活自由度极高，她们可以外出骑马、看戏、逛庙会，穿低胸礼服，春季郊游自然不在话下。

春天一到，贵夫人们纷纷出游，欣赏美景之余也争奇斗艳，尽展自己的魅力。喜欢热闹的虢国夫人自然不会错过这个好时机，和姐姐韩国夫人带着一众侍从，骑着宝马来游春。

虢国夫人衣着华丽，丰姿绰约，神态从容，心情大好。她和好姐妹韩国夫人一面赏春，一面唠着知心话，烦心事都被抛之脑后。

后来，著名画家张萱用画还原了当时的场景，定格了这个历史瞬间。二者也互蹭了一波流量。虢国夫人吸了一波热度，张

北宋　赵佶《摹张萱〈虢国夫人游春图〉》

萱的名气和身价大涨，这幅《虢国夫人游春图》也成了张萱的代表作。

后人透过这张图体会大唐人民的幸福生活之余，也忍不住对虢国夫人指指点点，使她得以在历史的热榜里，留有一席之地。

记录虢国夫人姐妹出游这一场景的，除了画家张萱，还有另外一个人，他就是大诗人杜甫，他为此创作了那首著名的《丽人行》：

三月三日天气新，长安水边多丽人。
态浓意远淑且真，肌理细腻骨肉匀。
绣罗衣裳照暮春，蹙金孔雀银麒麟。
头上何所有？翠微盍叶垂鬓唇。
背后何所见？珠压腰衱稳称身。
就中云幕椒房亲，赐名大国虢与秦。
紫驼之峰出翠釜，水精之盘行素鳞。
犀箸厌饫久未下，鸾刀缕切空纷纶。
黄门飞鞚不动尘，御厨络绎送八珍。
箫鼓哀吟感鬼神，宾从杂沓实要津。
后来鞍马何逡巡，当轩下马入锦茵。
杨花雪落覆白蘋，青鸟飞去衔红巾。
炙手可热势绝伦，慎莫近前丞相嗔。

诗中，杜甫描写了贵夫人们身着华服春游的奢靡场景，诗句尽展丽人们的精彩生活。可在杨氏家族的奢靡享乐中，他看到的是大唐流着脓的伤口。

他写道，御厨们接连不断地送来美食，而吃惯了山珍海味的虢国夫人和韩国夫人手里拿着精致的犀牛筷子，久久没动。席间各种笙箫鼓乐，悠扬婉转……

诗中还有一个高级的内涵句子“杨花雪落覆白蘋”，这句看上去是说，白雪似的杨花飘落覆盖浮萍，描绘春日里的一种常见景致。但是细品之下，就别有一番滋味。首先，提到“杨花”

宋 佚名《杜甫丽人行图》

很容易联想到一个成语“水性杨花”。其次，古代有种说法就是，杨花、萍和蘋都是一种东西，“杨花入水化为萍”，好巧不巧，杨氏兄妹也姓杨，本是同根生。把这些信息联系在一起，杨氏兄妹的“狗血”关系，不言而喻，懂的都懂。

最后一句，“炙手可热势绝伦，慎莫近前丞相嗔。”更是发出蔑视，用轻松的语气调侃，劝告众人离位高权重的杨氏兄妹远一点儿。

《旧唐书·杨贵妃传》记载：“太真有姊三人，皆有才貌，并封国夫人，大姨封韩国，三姨封虢国，八姨封秦国，并承恩泽，出入宫掖，势倾天下。”虢国夫人是唐玄宗的宠妃杨玉环的三姐，自从杨玉环得宠后，她的三个姐姐也跻身上流社会，分别被封为韩国夫人、虢国夫人和秦国夫人。

杨贵妃的这三位姐姐中，虢国夫人一直是个话题人物。因为她颜值高，品行差，生活奢靡，私生活混乱，其他两位姐姐则相对低调。

虢国夫人为什么如此高调又能作？一方面是性格原因，另一方面是因为她的确长得漂亮。张祜在《集灵台（其二）》中就曾写过：

虢国夫人承主恩，平明上马入金门。
却嫌脂粉污颜色，淡扫蛾眉朝至尊。

意思是说皇上大清早就召见虢国夫人，于是虢国夫人骑着高头大马进了宫门，简单地描了描眉，就顶着素颜去面圣了。这样做并不是因为起得晚来不及化妆，而是对自己的美貌过度自信，怕脂粉太俗气，玷污了自己的美貌。

且不论虢国夫人的风评和人品怎么样，在时尚这一块的确是“拿捏”得很稳。在华丽的场合就盛装出席，在面圣的时候又懂得装清纯，处处透露着时尚的小心机。

再回归到这首诗的两位主人公的身份，描写的是虢国夫人和皇帝见面时的场景，看似处处在褒奖虢国夫人的美貌，但怎么品都不对味，这可能就是高级段子手张祜的高明之处吧。句句都在夸人，却比直接爆粗口还难听，论骂人还得是文人来，不禁让一系列营销号直呼“高明”！

虢国夫人游春，带来了不少花边话题，但是八卦之外，我们还可以接收到另外一层信息，那就是自信、乐观、朝气蓬勃的大唐风貌，它盛行至今，并成为我们的骄傲。

气毽蹿红　蹴鞠又添新玩法

阅读 4622 万　讨论 2134　详情 >

大唐密探
主持人

导语：近日，有人发明了气毽，人们蹴鞠时更省力，体验感更好。与此同时，蹴鞠爱好者又研究出了许多新玩法。

八卦果果
6 小时前 来自 唐博 tangbo.com

气毽真的很好玩儿，一点儿也不累脚。玩了几次，真上瘾呀！还没尝试过的小伙伴，一定要试试呀！

气毽蹿红　蹴鞠又添新玩法

211　108　3210

吃瓜专业户

3 小时前 来自 唐博 tangbo.com

我大唐人民在娱乐上的创造力绝对够强。虽然我对蹴鞠不感兴趣，但还是觉得这个发明很有意义，玩也要讲求品质，玩得尽兴。

气毽蹿红　蹴鞠又添新玩法

108　174　328

机智的糖瓜

4 分钟前 来自 唐博 tangbo.com

这个发明很好，因为娱乐生活也很重要呀，尤其蹴鞠还是我们大唐的一项主流活动。

气毽蹿红　蹴鞠又添新玩法

95　162　420

娱乐至上：
大唐人民从来不会无聊

大唐虽然没有什么高科技，但日子过得绝对不无聊，因为业余生活极其丰富。

唐代各阶层都爱的运动是蹴鞠，现代人管这项运动叫足球。武则天曾当过宫廷女子马球队的队长。

蹴鞠这项娱乐活动并非起源于大唐，战国时期的人们就已经开始玩了。

《战国策·齐策》中记载齐国首都临淄人的生活时说："临淄甚富而实，其民无不吹竽、鼓瑟、击筑、弹琴、斗鸡、走犬、六博、蹋鞠者。"

唐代以前，蹴鞠用的毽大部分都是中间填满动物毛发做成的皮革球。但是，当蹴鞠这件事受到了唐代人民的喜爱之后，大家又充分发挥创造力，发明了气毽。顾名思义，也就是充气的毽，人们将动物的膀胱吹满气，外面用八片皮革包裹，这样的改变使得毽变得更加轻便，也更有弹性，用很少的力气就能踢得更远。毽得到改良之后，人们又琢磨出了蹴鞠的很多新玩法。

蹴鞠常见的玩法就是在球场的中央设立一个球门，双方球员在球门两侧，双方以踢进球门的进球数作为胜负标准。还有一种则是在球场两侧安放了球门，双方队员攻守交错将球运进对方的球门。

南宋　马远《蹴鞠图》

蹴鞠还有一种比较有个性的玩法叫“白打”，这种玩法不设球门，其胜负不在于能够进多少球，而是看能踢得多高，类似于花式足球。因为没有场地限制，所以这种玩法比较流行，并成为一种时尚潮流。诗人王维在《寒食城东即事》诗中就写道：“蹴鞠屡过飞鸟上，秋千竞出垂杨里。”这两句诗，正是描述了当时蹴鞠的热闹场面。

唐代的娱乐游戏不止这一种，在鼎盛时期，还曾流行过一种“泼寒胡戏”，这种游戏最早发源于罗马帝国，后来沿着丝绸之路传播到了西域和大唐。这种游戏是在寒冷的冬季进行的。彼时，人们或身着胡服骑着骏马，或戴着猛兽面具，或赤身裸体，欢聚在一起相互追逐，泼水嬉戏。有时候也会成群结队，唱着歌曲。这种新鲜刺激的娱乐方式让唐人大感新鲜，曾风靡一时。

后来唐玄宗即位，对这种娱乐方式很反感，认为有伤风化，再加上大臣进谏，便下令禁止了这种游乐活动。

大唐是个开放的时代，繁华盛世日子过得好，唱歌跳舞也就成了基本操作、普遍爱好。

王公贵族，文人诗者……大家隔三岔五地组个局，喝点儿小酒，听听小曲儿，看一看表演。兴致来了，吟诗作对，唱和几句，或是在舞池中，和演员们一起跳舞。

当初李靖战胜东突厥归来，宫中特地设宴庆贺。宴会上，唐太宗李世民开心热舞，太上皇李渊也饶有兴致地在一旁弹起了琵琶。

大唐初期，非常流行《秦王破阵乐》，这首曲子，气势雄浑，可百余人共舞，可谓声势浩大。舞者上场时皆披甲持戟，在大鼓声的伴奏下，一边齐声高呼，一边模仿军中将士纵横捭阖的动作，大气磅礴。

《秦王破阵乐》是为了纪念唐太宗李世民打败刘武周而创作的，后来渐渐成为皇家重大庆典的必备曲目。每一个节拍里，都带着大唐的洒脱和锐气。剑舞在当时也非常流行，武术与舞蹈交融在一起，尽展英气。想当初公孙大娘表演剑舞，就让杜甫“大神”久久难以忘怀，忍不住赋诗一首，以表赞赏。《观公孙大娘弟子舞剑器行》诗曰：“昔有佳人公孙氏，一舞剑器动四方。观者如山色沮丧，天地为之久低昂。”

随着历史的推移，时代发展风向渐渐改变，又换了几任皇帝，皇家歌舞风格也由气势磅礴变成了温软奢靡。

其实剑舞也算得上大唐杂技中的一种，除此之外，还有其他非常精彩的杂技表演，比如戴竿。《太平御览》云：“明皇御勤政楼，大张乐，罗列百技。时教坊有王大娘者，善戴百尺竿，竿上施木山，状瀛洲方丈，令小儿持绛节出入于其间，歌舞不辍。时晏以神童为秘书正字，方十岁，帝召之，贵妃置之膝上，为施粉黛，与之巾栉，令咏王大娘戴竿。晏应声而作，因命牙笏及黄纹袍赐之。”

意思是说唐玄宗在勤政楼前举行庆典，观赏百戏。当时教坊司有一位非常优秀的艺人王大娘，她头戴百尺长竿，竿上面还有做成仙境模样的木山，一名小男孩在木山上表演歌舞节目。当时，年仅十岁的神童刘晏被唐玄宗诏来，杨贵妃让刘晏为王大娘的精湛表演赋诗一首。刘晏随即作了一首《咏王大娘戴竿》，记录了当时精彩的表演盛况：

楼前百戏竞争新，唯有长竿妙入神。
谁谓绮罗翻有力，犹自嫌轻更著人。

唐代的绳技也非常精彩，绳技俗称“走索”，汉朝时期从西域传进来。在《晋书·乐志》里，便有舍利玩绳技的记载：“后汉天子受朝贺，舍利从西来，戏于殿前，以两大绳两柱头，相去数丈，两倡女对舞，行于绳上，相逢切肩而不倾。”

绳技表演相当于现在的高空走钢丝，对观众而言，绝对够刺激。在相隔十余丈的高空两端用一根绳子连接，两位表演者从两端走向中间，在途中相遇后，两人侧身而过，十分惊险。唐代的《封氏闻见记》中就曾记载了这种惊心动魄的绳技表演。后来，绳技逐渐被戏法化，更多地出现在志怪小说中。

除了能看到艺人的杂耍表演，人们还可以看到驯兽表演，驯兽师们有驯大象的，有驯猴的，有斗鸡的，甚至还有训练犀牛的，但人们最热衷的还是驯马的舞马表演。经过驯兽师训练的马儿，可以听懂指令，前腿下跪行跪拜之礼，甚至还能够和着音乐的节拍跳舞。

另外，大唐贵妇圈的生活也十分精致和精彩。尤其是上流社会的女子，社交活动非常多且广泛。

她们常常聚在一起，诗词唱答、玩音乐、交流针织女红，一

唐　佚名《宫乐图》

起和朋友开派对，哪怕聚会中有男子列席，也不会被说三道四，宴席间“男女杂坐”是常事。有时候还会约人博弈，比如掷骰、投壶、围棋、弹棋等。后来渐渐发展出了室外活动，例如骑马、射箭、蹴鞠等。

总之，做大唐人，好玩儿，不亏！

大唐文人的酒局好“内卷”

阅读 4352 万　讨论 5576　详情 >

大唐密探
主持人

导语：近日，有人参加一场酒局，酒局上多是文人墨客，因在行酒令中多次成为输家而被灌醉的人，醒酒后含泪大呼“文人的酒局好‘内卷’”。

八卦果果
5 小时前 来自 唐博 tangbo.com

喝个酒，有一碟花生米就够了呀，为什么还要背诗？

我恐惧社交，我不要参加社交活动。

大唐文人的酒局好“内卷”#

96　　320　　1092

吃瓜专业户

41 分钟前 来自 唐博 tangbo.com

参加酒局我们大多玩骰盘令和抛打令，简单有趣带动气氛。一般律令才会玩对诗什么的，不过有些文人玩的律令的确很难。

大唐文人的酒局好“内卷”

32　185　209

机智的糖瓜

18 分钟前 来自 唐博 tangbo.com

我大唐盛产诗歌，把诗词融进行酒令是基本操作。朋友相聚，喝几杯，喝的就是个氛围。玩几局行酒令，对几句诗助助兴，挺好的，不必那么抗拒。

大唐文人的酒局好“内卷”

120　206　361

大唐酒局好“内卷”，没点儿文化都不好意思去喝酒

酒局有什么难应付的，端起酒杯喝就是了！

不！酒文化并不简单，尤其在大唐，喝酒这件事可以说非常“内卷”，又非常有趣。

喝酒喝的不仅是酒本身的味道，更在于喝酒的气氛。因此，喝酒和劝酒就有了不少的讲究。

行酒令是唐人最常见的劝酒方式。行酒令一般有“明府”“律录事”“觥录事”三种角色。

“明府”通常是酒席上最有威望的人，他负责协调、监督整个酒令活动，指挥“律录事”和“觥录事”干活儿。

“律录事”也叫“席纠”或“酒纠”，负责宣令、行酒，判断是非对错。

“觥录事”又叫“主罚录事”，听从席纠的命令，负责罚酒灌酒。

在贵族的酒宴上，通常会有陪酒女郎担任“律录事”，一些专业的陪酒女郎也被称为“饮妓”，并逐渐成为一种标准配置。

唐代常见的酒令分为三种：律令、骰盘令和抛打令。

律令，动嘴不动手，是一种语言上的游戏。其中最简单、最容易理解的就是绕口令，唐代曾有这样一句诗被用作绕口令，“鸾老头脑好，好头脑鸾老”。若是反复读上几次，的确太绕舌了。

还有一些拆字令、添字令、断章取义令、历日令、占相令、千字文令等。

在唐代这个盛产诗歌的年代，诗歌是律令的常见内容，例如在酒宴上作各种押韵的诗、辞、曲、俗语等。总之，学问越高，玩的难度就越大。没点儿文化，真不敢去喝酒。

不过，幸好有“骰盘令”，掷骰子，看天命，用点数来决定谁喝多少。

“抛打令”类似于“击鼓传花”，通过某种规则，将一个物件在客人之间传来传去，这个物件最后落到谁的手里，谁就要表演或被罚酒。一般来讲，宴席上通常会将几种行酒令融合，轻轻松松就可以把气氛搞到位。

在喝酒聚会搞派对这方面，我们的大诗人白居易算得上是资深玩家，且颇有心得，从“鞍马呼教住，骰盘喝遣输。长驱波卷白，连掷采成卢”“醉翻衫袖抛小令，笑掷骰盘呼大采”“香球趁拍回环匼，花盏抛巡取次飞”“柘枝随画鼓，调笑从香球”这些诗句里，都记录着曾经宴席间行酒令的欢乐场面。

所以，在大唐，如果想去参加酒局，就请先给肚子装满“墨”吧！

大型综艺真人秀　唐代可真香

阅读 6452 万　讨论 2337　详情 >

大唐密探
主持人

导语：长安城内，权贵名流以香为主题，举办了大型斗香综艺，各界名流齐聚一堂，带来自己搜罗的各种名香进行比试。赛场盛况空前，高潮迭起。

八卦果果
8 小时前 来自 唐博 tangbo.com

这个斗香会很精彩，听街坊说，有一位王公子，最开始不被看好，因为之前没听说过这号人物，结果人家拿出了一支香，那香雾缭绕，芬芳四溢，从来没人闻到过。在场的人都沉浸在迷人的香气中，好长时间才回过神来。

大型综艺真人秀　唐代可真香

236　327　625

吃瓜专业户

4 小时前 来自 唐博 tangbo.com

香料是日常生活、祭祀中的必需品，拿来搞娱乐有点儿过了吧！有钱人的游戏，真是搞不懂。

大型综艺真人秀　唐代可真香

180　691　285

机智的糖瓜

51 分钟前 来自 唐博 tangbo.com

熏香是日常礼节，斗香大会这种活动还是挺有意义的，有助于香文化的推广，尽展我大唐风华。

大型综艺真人秀　唐代可真香

207　168　221

“大唐有真香”风靡一时
为香文化助力

唐代人的优雅生活，自然离不开香味的衬托。香料也成为生活中必不可少的一部分。在一些大型的活动和仪式上，都会有焚香这一环节。

唐代以前，香料的用途主要集中在其本身的功能上。到了唐代，人们把香玩出了新花样、新高度。权贵名流以香为主题，举办了大型斗香综艺，各界名流齐聚一堂，带来自己搜罗的各种名香进行比试，并对这些香的烟气、味道、由来，以及香性进行评比。所谓的斗香，本质上是一场秀，通过香来彰显自己的知识储备、文化水平，以及财力、品位等。

后世著作《清异录》曾记载：“中宗朝，宗纪韦、武间为雅会，各携名香，比试优劣，名曰斗香。唯韦温挟椒涂所赐，常获魁。”

那时候，丝绸之路的开通，打开了大唐的任督二脉，各种文化在大唐的掌心里汇聚交融，又不断生发。彼时，你可以在大唐看到世界各国的香料，有来自安南的沉香和鸡舌香、波斯国的爪哇香、婆罗洲的龙脑香和广藿香、安息的苏合香、大食的茉莉油和阿末香（龙涎香）、印度尼西亚的紫藤香、西域的蔷薇水……

可以说，这些都为唐代香文化的发展打下了坚实的基础。

唐代上流社会的红男绿女，都生活在香雾缭绕中。他们沐浴时要在洗澡水里放上香料，衣服上也会挂上香囊。据说，唐玄宗时的宁王对香气尤为痴迷，和他谈话时，都能闻到他口中淡淡的香气。这是因为，他常在口中含沉香和麝香，是个十足的讲究人。

到了皇宫里，关于香的讲究就更多了。上朝要熏香，祭祀要熏香，看奏折前也要点香……香料一燃，身心愉悦，有了香气，才有了氛围。

柳宗元收到韩愈寄来的诗后，“先以蔷薇露灌手，薰以玉蕤香，然后发读”。由此见得，香在大唐是一种不可或缺的存在。

玄宗时期，有一位名叫“莲香”的妓女，因为香气“出圈”，据说她“每出处之间，则蜂蝶相随，盖慕其香也”。因此，这位香香女孩得到了一众高富帅的青睐。

不过，以上这些故事和著名权臣杨国忠比起来，简直是小儿科。别人用香料沐浴、做香囊，他用香料造房子。

《开元天宝遗事》就记录了杨国忠以沉香、檀香、麝香等香料建造了四香阁。整个建筑充满着香气，更是充满了金钱的味道。

传奇小说《龙城录》上线

阅读 5322 万　讨论 4274　详情 >

大唐密探

主持人

导语：传奇小说《龙城录》上线，本书讲述了唐代的帝王官吏、文人士子、市井人物的逸闻趣事，作品问世后，大受读者追捧。

八卦果果

6 小时前 来自 唐博 tangbo.com

这本小说太有意思了，稗官野史、帝王逸事、市井趣闻……好有趣，简直是我们八卦爱好者的福音，必须让我的朋友都去看一看。

传奇小说《龙城录》上线

459　　1124　　2.5 万

吃瓜专业户

47 分钟前 来自 唐博 tangbo.com

客观来讲，书的内容很有趣，能满足大众的口味和好奇心。既然是一本传奇小说，也就有虚构的成分，请各位书粉要理智阅读。总体来讲，这是本不错的作品，推荐阅读！

#传奇小说《龙城录》上线#

114　18　185

机智的糖瓜

8 分钟前 来自 唐博 tangbo.com

朋友推荐的一本书，刚读完，故事很精彩，内容也很丰富，像“裴武公夜得鬼诗而化为烬”“明皇梦游广寒宫”“李太白得仙”“宁王画马化去”等故事都很有传奇性，也从侧面展现了我大唐的风貌。好书，推荐！

#传奇小说《龙城录》上线#

145　261　395

为什么传奇小说《龙城录》受读者追捧

唐风开放，唐人浪漫而活泼。《龙城录》里的记载，多为荒诞不经的传说。此书自问世之后，便大受欢迎。

这本书的作者是著名文学家柳宗元，他在《龙城录》开篇写道："柳先生谪居龙城，因次所闻于中朝士大夫，摭其实者为录。"不过也有人质疑，认为这本书的创作风格和柳宗元一贯的风格大不相同，对作者的真实身份存疑，虽然一直都没有定论，但并不影响这本书的精彩。

这本小说涵盖了隋唐时期帝王官吏、文人士子、市井人物的逸闻趣事，故事生动有趣，充满了荒诞又浪漫的色彩，每一个故事都异彩纷呈。在此稍微列举几个。

《李太白得仙》：元和年间，有个从北海来的人，看到李白和一个道士在一座山上谈笑风生。过了一会儿，道士腾云驾雾，骑着红色的龙飞走了。李白也快步跟上，紧随其后，也乘龙而去。

《韩退之梦吞丹篆》：韩愈说，他在年幼时曾梦到有人给了他一卷用朱砂写的篆文，要他吃掉，旁边还有一个人拍着巴掌大笑。韩愈吞下篆文，胸口像是被什么东西堵住了，过了好几天这种不适感才消失。但他还依稀记得书上个别字的笔法，感觉不像是人间的笔法，直到多年以后，他遇见了孟郊，产生一种熟悉感，后来回想才发觉孟郊就是梦中那个在一旁大笑的人。

《宁王画马化去》：宁王李宪擅长画马。开元年间，宁王在皇宫兴庆池南的花萼楼下的墙壁上画了幅《六马滚尘图》。其中有一匹马很漂亮，每一根毛都非常完美，深得唐明皇喜爱。后来，墙壁上却只剩下五匹马，唯独唐明皇最喜爱的那一匹马不见了。据说，那匹丢失的马是被神灵的力量羽化而去了。

像这样精彩的故事还有很多，诸如《魏征嗜醋芹》《任中宣梦水神持镜》《龙城无妖邪之怪》《明皇梦姚宋当为相》《华阳洞小儿化为龙》……故事短小精悍，却妙趣横生。更多精彩内容，请读者到书中去探索。

饮食

大唐的鲤鱼

陆羽公开反对在茶饮中放葱、姜等调料

阅读 6532 万　讨论 2456　详情 >

大唐密探
主持人

导语：茶是唐人必备的饮品，饮茶的方法也是五花八门，很多人喝茶的时候喜欢放一些姜、葱花、橘皮等，茶圣陆羽对这种饮茶方式公开表示反对。陆羽认为，茶中只可放盐，若是放了其他乱七八糟的调料，会让茶失去饮用价值。广大群众对正确喝茶的方法产生了很大的分歧。

八卦果果
9 小时前 来自 唐博 tangbo.com

喝茶的时候只要把茶煮一煮就好啦，喝茶又不是喝骨头汤，为什么要放姜放葱花！那味道，想想都上头，坚决支持陆羽！

陆羽公开反对在茶饮中放葱、姜等调料

326　885　3521

吃瓜专业户

49 分钟前 来自 唐博 tangbo.com

喝茶就是要放葱花的，可能有些人喝不惯，但是相信我，尝试过后你会爱上这种喝法的。而且，这种喝法在三国时期就出现了。陆羽虽然写了部《茶经》，热度很高，但完全没必要诋毁别人的爱好啊！

陆羽公开反对在茶饮中放葱、姜等调料

321　　689　　3159

机智的糖瓜

12 分钟前 来自 唐博 tangbo.com

对于茶的喝法，没什么对错可言，每个人都有自己的茶道，都有自己的爱好。茶本身的包容性很大，所以衍生出了各种茶文化。只要你自己喜欢即可，不必和他人求同。观点正确与否我们暂且不谈，陆羽的《茶经》的确很棒，推荐阅读。

陆羽公开反对在茶饮中放葱、姜等调料

163　　521　　1102

煮茶时要加点儿生姜和葱花等作料

茶在唐代是社会各个阶层的必备饮品，在国内各地流传开来。当初，文成公主入藏时，就曾把茶叶和茶籽带入吐蕃。以肉食为主的藏民在饮用了这种令人振奋的茶汤之后，赞不绝口，藏区的饮茶文化也渐渐流传开来，并沉淀为地域文化的一部分。

随着唐代对外交流加深，茶文化更是通过丝绸之路传到了世界各地，影响到当时的日本、新罗，甚至传到了波斯、阿拉伯等西亚地区，成为与外邦交流的硬通货。

总之，茶在大唐广受欢迎，“上自宫省，下至邑里，茶为食物，无异米盐”。这样一来，不仅喝茶的人开心，朝廷也很高兴。因为在巨大的需求之下，茶经济快速发展，种茶、制茶、贩茶行业逐渐规模化。《元和郡县志》记载：“以是蒙山先后之人，竞栽茶以规厚利，不数十年间，遂斯安草市，岁出千万斤。”可见当时已有人大规模种植茶树。

随着茶树种植和茶叶贸易的发展，唐代开创性地开始征收茶税。德宗建中元年（780 年），一个叫赵赞的侍郎提出了一个小小的建议，“天下所出竹、木、茶、漆，皆什一税之”。

茶经济发展势不可当，增收茶税，这可是不小的收入啊！但后来这个税收项目又被皇帝废除了。一直到贞元九年（793 年），盐铁使张滂奏立税茶法，茶税由此作为一个独立的税种开始征收，并且逐渐成为重要的税收来源。到了开成年间，一个县的茶税税收堪比朝廷的整体矿冶税收。可见当时茶经济的发展之迅猛，以及茶税之重。

茶文化在大唐迎来了高光时刻，茶文化走向了世界，同时也不得不提及一个人——陆羽。他写出了中国第一部茶书《茶经》，凭借着这本书，他成为中国茶文化的权威发言人。

《茶经》是一部关于茶的百科全书，涵盖了茶的历史、源流、现状、生产技术以及饮茶技艺、茶道等多方面的内容。《茶经》让中国的茶文化形成了一个系统，并在很大程度上促进了茶经济的繁荣。

在这部《茶经》中，有一个不得不提的内容，就是茶的饮用方法。

茶是我们中国人的必备饮品，承载着千年的文化，串联起悠久的历史。我国每个时期都有不同的饮茶方式和风俗，甚至在功能上也有所不同。

有人说，最早的茶是一种祭品，后来人们品尝过后发现其无害，才慢慢发展出其他用途。

有人说，茶在成为饮品之前，作为药用。《神农本草经》中写道："神农尝百草，一日遇七十二毒，得茶而解之。"茶要放在嘴里嚼一嚼，才能发挥药效。细想那苦涩的口感，的确有药的气质。

茶曾经也是一种蔬菜，要用清水煮，更要搭配各种调料，小葱姜片加一加，别有风味。晋代郭璞在《尔雅注》中记载，"树小如栀子，冬生叶，可煮作羹饮"；傅咸曾言"闻南方有蜀妪，做茶粥卖之”。由此可见，在晋代，人们就开始煮茶粥。

三国曹魏张揖在《广雅》一书中写到了一种饮茶法。是先把茶烤成红褐色，再捣碎，放入瓷器中，加入沸水和作料。这种饮茶方法一直到唐代都很流行。人们给这种茶取名为“茗粥”或“茗饮”。

这种像煲汤一样的饮茶法让陆羽不由得皱起了眉头，心中默念：什么玩意儿！

陆羽也非常直接地亮出了自己的观点。他说：“或用葱、姜、枣、橘皮、茱萸、薄荷之等，煮之百沸，或扬令滑，或煮去沫，斯沟渠间弃水耳，而习俗不已。”意思讲得很直白，他认为，加了葱姜这些调味料的茶饮太低级，毫无饮用价值，应该倒在水沟里，根本不配给人饮用。

元　赵原《陆羽烹茶图》

在他的理念中，最高级的食材往往采用最简单的烹制方法，所以在他的煎茶法里，除了盐，其他什么作料都不加。

陆羽的煎茶法大概分为四步。

第一步：烤茶饼。把炙烤过的茶饼用纸袋封好，聚拢香气，以免香气散掉。在茶饼冷却后，碾成粉末状，待用。

第二步：烧水。待有像鱼眼睛一样的小水泡上浮并有轻微的响声时，根据水量，加入适量盐调味。之后，把尝过的那点水泼掉。此为一沸。

第三步：放入茶末。待水开“缘边如涌泉连珠”时，此为二沸。舀出一瓢开水，用竹筷搅动锅中的水使沸度均匀，同时搅动出一个漩涡，并在中心放入碾碎的茶末。

第四步：止沸、分盏。待茶汤“腾波鼓浪”时，加入刚刚舀出的一瓢水止沸。此时茶汤上会浮起茶沫，茶就煎好了，可以分盏饮用。

陆羽之后，饮茶的方法仍旧在不断发展，并演化出更多的饮用方法，到了宋代又出现了点茶法。总之，随着时代的发展，茶艺、茶道也更为系统和精深。

对于茶本身而言，茶性素简，包容度高，喝茶的宗旨是喝得舒服，喝得开心，这才是王道。只要爱茶，哪怕只是酣饮，只是为了解渴，茶也实现了其价值。

竟然有人生吃雪梨

阅读 3455 万　讨论 9853　详情 >

大唐密探
主持人

导语：长安城内有一百姓许某，竟然生吃雪梨，并向左邻右舍大赞其美味，引来周围人的疯狂吐槽，进而引发了人们关于雪梨吃法的大讨论。

八卦果果
8 小时前 来自 唐博 tangbo.com

为什么要生吃雪梨？这么好的东西生吃真是暴殄天物了，冬天的时候，在小火炉上烤一烤，实在太香甜。

竟然有人生吃雪梨

265　910　5821

吃瓜专业户

1 小时前 来自 唐博 tangbo.com

我也生吃雪梨，味道的确可以。好奇宝宝可以尝试下，真的不难吃！作为唐人，我们要以开放的心态接纳世界。

竟然有人生吃雪梨

362　1065　2951

机智的糖瓜

57 分钟前 来自 唐博 tangbo.com

生吃雪梨还好吧，虽然大家习惯把雪梨蒸煮或者烤了之后再吃，但是生吃也不是不可以。我觉得雪梨和李子、樱桃一样，完全可以生吃。各凭所爱，吃得开心最重要，完全没必要强求吃法上的统一。

竟然有人生吃雪梨

206　695　1740

一个雪梨引发的水果大讨论

这件事之所以被广泛讨论，其关键并不在于这个吃梨的人是谁，而是在于他吃梨的方法。

雪梨是一种常见的水果，有生津止渴润肺的功效，但是在吃法上，唐人默认是蒸或者烤，都是吃熟的。所以，当有人生吃雪梨时，在其他人眼中无异于生吃土豆、生吃茄子……会被当成奇葩来看待。

诗人贯休在《田家作》中曾写道，“田家老翁无可作，昼甑蒸梨香漠漠”，说的是一老翁在家闲着无聊，蒸个雪梨吃一吃，别是一番悠闲，那叫一个享受。皇宫里还流行一种“炉端烧梨”，也就是把梨烤着吃。

萝卜白菜，各有所爱，完全不必和雪梨的吃法较劲。无论是生吃还是熟吃，都敌不过爱吃，又哪有对错可言。

除了梨子，大唐还有不少好吃的水果。

徐坚等人编撰的《初学记》“果木部”共有李、柰、桃、樱桃、枣、栗、梨、甘、橘、梅、石榴、瓜等十二类水果。但是，这里并没有记载一种在唐代很出名的水果——荔枝。

“一骑红尘妃子笑，无人知是荔枝来”，让产于岭南的荔枝成功“出圈”。这种让贵妃难以忘怀的美味，对普通人来讲，那就是顶级的奢侈品，望尘莫及。而作为荔枝代言人的杨贵妃，享受着顶级资源，为了她的一口鲜甜，可以跑废千里马。

南宋　佚名《荔枝图页》

但即便如此，快马加急送来的荔枝还是不新鲜了。为了让贵妃吃得更开心，唐玄宗一声令下，发挥了劳动人民的力量，连根移植到器皿中，再用车马运送到皇宫。

由此可见，在北方，荔枝这种水果获取成本极高，普通家庭自然是吃不上，就算是贵族，也不一定有机会能吃得上。不过，唐代的水果种类丰富，高档水果也并不止这一种，所以荔枝并不足以影响达官贵人们的生活品质。

比如樱桃。樱桃在当时也叫“含桃”。樱桃是一年中最早成熟的水果之一，味道甜美可口。如此优质的水果，皇宫里自然是必不可少。有时候皇帝还会亲自采摘樱桃，体验一把农家乐，并把采摘的果子赏赐给大臣。收到圣上赏赐的樱桃，对臣子们来说，那就是无上的荣耀。

每年新科进士放榜的时间，正好是樱桃成熟的时节，新科进士们齐聚一堂，吃点心，品樱桃，一起谈人生谈理想，别提心里有多美多甜了。

在吃这件事上，大唐人民从来不吝惜自己的智慧。所以，慢慢地，樱桃也多了不少吃法，比如，蘸着酥酪吃。“酥酪”就是未经风干的鲜奶酪，状态接近酸奶，呈半固态。搭配味道醇厚的酥酪，能够更大限度地激发出樱桃的甘甜，口感更加鲜美。

杜牧在《和裴杰秀才新樱桃》诗中写道：“忍用烹酥酪，从将玩玉盘。流年如可驻，何必九华丹。”就记录了这种美味的吃法。

有时候，人们吃樱桃要浇上糖浆。蔗浆浇樱桃也渐渐成为经典搭配，成为备受追捧的高档甜品。一道小小的水果甜品，尽显大唐的精致。

多位诗人“顶风作案”偷食鲤鱼

阅读 4567.3 万　讨论 15342　详情 >

大唐密探
主持人

导语：大唐因避讳制度，禁食鲤鱼。“李”是国姓，“鲤”和“李”同音。但鲤鱼自古以来就是人们喜爱的佳肴美馔，人们还是会忍不住偷偷把这道美食搬上餐桌。更有甚者，多位著名诗人还忍不住为鲤鱼的鲜美作诗点赞。

八卦果果
5 小时前 来自 唐博 tangbo.com

虽然很喜欢几位诗人，但是我们唐代有明确的避讳制度，偷食鲤鱼是不是对皇族太不尊重啦！鱼的品类那么多，完全可以换一种啊！

多位诗人“顶风作案”偷食鲤鱼

621　325　1.7 万

吃瓜专业户

55 分钟前 来自 唐博 tangbo.com

我觉得避讳制度也就是走个形式，没人会深究的，吃几条鲤鱼，根本不会对我们大唐的国运产生什么影响。大诗人们爱美食，证明他们很爱生活呀，真的不必上纲上线。

多位诗人“顶风作案”偷食鲤鱼

152　692　2850

机智的糖瓜

44 分钟前 来自 唐博 tangbo.com

鲤鱼真是太好吃了，其实大家都有偷偷吃鲤鱼啦！只是民不举官不究。我最爱的就是鱼脸。

多位诗人“顶风作案”偷食鲤鱼

362　512　1002

唐代的鱼脍，究竟有多鲜美

那一日，著名诗人杜甫第一次吃黄河鲤鱼脍，那鲜美的味道在他舌尖绽放。吃过之后，久久难以忘怀。

于是，他在《阌乡姜七少府设脍戏赠长歌》中写道：“姜侯设脍当严冬，昨日今日皆天风。河冻味鱼不易得，凿冰恐侵河伯宫。饔人受鱼鲛人手，洗鱼磨刀鱼眼红。无声细下飞碎雪，有骨已剁觜春葱。偏劝腹腴愧年少，软炊香饭缘老翁。落砧何曾白纸湿，放箸未觉金盘空。”

只看“放箸未觉金盘空”这一句就足以见得，杜甫对这道美食有多么满意，因为“空盘”是对美食最大的尊重。

但吃鲤鱼在当时是犯法的，如果遇上“黑粉”，拿此事做文章，杜先生恐怕是要挨板子的。《酉阳杂俎》中记载：“国朝律，取得鲤鱼即宜放，仍不得吃，号赤鲆公，卖者杖六十，言鲤为李也。”

也就是说，“李”是国姓，“鲤”和“李”同音，鲤鱼不能吃。

其实，鲤鱼自古以来就是国宴大菜，在中国文化史上有着举足轻重的地位。《诗经·陈风·衡门》有云：“岂其取妻，必齐之姜？岂其食鱼，必河之鲤？”

秦汉之后，鲤鱼成了顶级赠品。古乐府诗《饮马长城窟行》中写道：“客从远方来，遗我双鲤鱼。”

而到了唐代，鲤鱼和皇族搭上了边儿，成为国宝，地位直线上升。唐代以前，兵符是做成虎的形状，称为“虎符”。到了唐代，兵符的图腾换成了鲤鱼，虎符成为鱼符，用铜铸成鲤鱼的形状，作为兵权和皇权的象征。

朝中规定，五品以上的文武官员必须佩带“鱼符”，用以辨尊卑、明贵贱，并用作上朝或应皇帝的召见或引荐进宫的凭证。

由此可见，鲤鱼在唐代的地位很高。但是，在吃货面前，六十大板无足轻重。除了鲤鱼本身寄托着美好的寓意，还因为鲤鱼肉的确鲜美。上至官员，下至百姓，都挡不住美味的诱惑。最后，也就民不举官不究，大家保留形式上的尊重。

《酉阳杂俎》曾记载了鱼脍的吃法：“脍法，鲤一尺，鲫八寸，去排泥之羽，鲫员天肉腮后鳍前，用腹腴拭刀，亦用鱼脑，皆能令脍缕不着刀。”

清　佚名《鲤图页》

大唐人民在吃上一直很有研究，为了最大限度地保留鱼的鲜美，他们研究出一种吃法，就是吃生鱼片。他们称之为“鱼脍”，就是将鲤鱼切成片，蘸着小葱和芥末一起食用，利用作料的辛辣去除鱼的腥气。

而越研究花样越多，搭配鱼脍的作料也越来

越多，什么萝卜、生姜、蒜，以及酸甜的醋和橙、橘皮丝等，鱼脍的味道也越来越丰富。

人们不仅在蘸料上吃出了花样，在切鱼片的刀法上也逐渐走向专业化。有专业的厨师可以把鱼片切得薄如蝉翼，市面上还有《砍脍书》这种烹饪手册，其中有诸如舞梨花、柳叶缕、对翻蛱蝶、千丈线等各种刀法。至于唐人为什么会对制脍刀法这么讲究，那是因为刀法对鱼脍的口感有着直接的影响。

《酉阳杂俎》中记载了一个叫南孝廉的人，“善斫脍，縠薄丝缕，轻可吹起，操刀响捷，若合节奏”。此人刀功出神入化，能把鱼脍切得十分轻薄，堪称米其林大厨。

后来，为了制作出一道高品质的鱼脍，人们还发明了专门制脍的厨刀。可说是越吃越专业，越吃越精细。

而这道美味也传到了东洋岛国，大受欢迎。除了杜甫写诗大赞鲤鱼生鱼片的美味之外，孟浩然、王维、王昌龄、李白、岑参、柳宗元、李商隐、白居易、陆龟蒙、皮日休等留下的诗句中都有关于鲤鱼生鱼片的痕迹。可见，美味的鲤鱼在唐人的心目中占有重要的地位。

因为鲤鱼被明令禁止捕捞、食用、饲养，所以鲤鱼的同类——鲈鱼、鲂鱼、鳊鱼、鲫鱼慢慢成为唐代食客的盘中餐。

从吃鱼这件事上，我们可以深切地感受到作为一个唐人的幸福。他们吃得讲究，吃得精致，这也代表着大唐的生活品质。

李白也爱“泡吧”[22] 自曝进出胡姬酒肆

阅读 4245.1 万 讨论 7524 详情 >

大唐密探
主持人

导语：李白发布新诗《少年行》，诗中回忆了当年在胡姬酒肆“泡吧”的快乐时光，即兴创作的这首诗，引发一众时髦青年疯狂“应援”。

八卦果果
15 小时前 来自 唐博 tangbo.com

哈哈，原来李白“大神”年轻的时候也爱“泡吧”呀！当年一定没少在舞池里摇摆，真是太会玩了。

李白也爱“泡吧” 自曝进出胡姬酒肆

116 216 823

吃瓜专业户

2 小时前 来自 唐博 tangbo.com

无酒不欢的李白“大神”爱“泡吧”太正常了，胡姬酒肆气氛特别好，不少王公贵族、文人雅士都是常客，听说酒肆里的胡姬都特别漂亮。

李白也爱“泡吧” 自曝进出胡姬酒肆

109　230　1360

机智的糖瓜

22 分钟前 来自 唐博 tangbo.com

有幸和长安的朋友去过几次胡姬酒肆，里面的酒种类很多，多数还是从西域进口的，酒肆的氛围很好，和你在家小酌两杯的氛围是完全不同的。酒肆里的胡姬真是太美了！

李白也爱“泡吧” 自曝进出胡姬酒肆

120　251　468

哪个少年不"泡吧"，
起底唐代支柱产业

五陵年少金市东，银鞍白马度春风。
落花踏尽游何处，笑入胡姬酒肆中。

这首诗是李白"大神"的《少年行》，诗里，他仿佛又回到了年少时的光景。他敲着乐器喝着酒，背着宝剑哼着歌，笑着扎进胡姬酒肆中。

人们恍然发现，原来，李白也曾是个爱"泡吧"的少年。

不过大家都知道，李白是出了名的爱喝酒，借着酒劲，写了不少好诗。而胡姬酒肆气氛这么好，又怎么会少了一直倡导"人生得意须尽欢"的李白"大神"呢？

在唐代的娱乐行业里，酒肆算得上是支柱产业。有事没事，约三五好友，品玉露琼浆，别提有多舒坦。

当时经营酒肆的一般都是胡人。在长安，胡人酒肆主要开设在西市和春明门到曲江一带。胡人的酒肆为什么如此受欢迎？主要是因为他们的店铺极具特色。在胡人的酒肆里，除了有唐人酒馆里常见的米酒，还有从西域各地传进来的葡萄酒、龙膏酒、三勒浆等，极大地丰富了客人的口味。

除此之外，胡人酒肆里的服务生都是西域女子，她们被称为胡姬。酒肆里经常会有一些胡姬表演热舞等，李白在不少诗作里

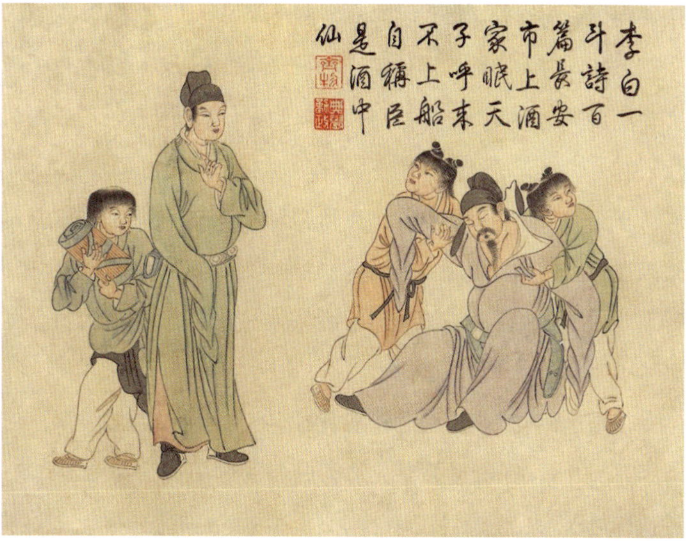

元　任仁发《饮中八仙图》(李白)

都曾表达对胡姬的念念不忘。“胡姬貌如花，当垆笑春风。笑春风，舞罗衣，君今不醉将安归？”(《前有一樽酒行二首》)“何处可为别，长安青绮门。胡姬招素手，延客醉金樽。”(《送裴十八图南归嵩山二首》)

胡姬酒肆是当时的才子大人们最时髦的消遣处，生意十分红火。所以，胡姬酒肆的员工和老板的收入都很高。

胡姬酒肆揽客也很有一套，其中最具特色的就是舞蹈，有《胡腾舞》《胡旋舞》《柘枝舞》，其中，《胡旋舞》最为流行。白居易还曾特地为此作了一首诗《胡旋女》。在诗文中，白居易大赞胡旋舞的美妙，讲胡旋舞是如何风靡中原的，就连大唐的君主唐玄宗都被胡旋舞迷得“微启齿”。

不少诗坛大家都忍不住赋诗点赞，例如诗人刘禹锡也曾赋诗大赞胡旋舞：“体轻似无骨，观者皆耸神。曲尽回身处，层波犹注人。”

胡姬酒肆除了满足日常小聚和消遣的需求，也很适合给朋友接风送行。朋友远走或久别重逢，朋友们都会到胡姬酒肆小聚，喝点儿小酒，说点儿掏心窝子的话，推杯换盏中，彼此的情分也更浓了几分。

正是这种全民的喜爱，让胡姬酒肆在唐代得以蓬勃发展。

在胡姬酒肆喝的不仅仅是酒，更是一种情调、一种文化、一种精神追求。

#唐人爱上西餐　胡饼大受欢迎

阅读 4522 万　讨论 3354　详情 >

大唐密探

主持人

导语：随着西域和中原地区的交流发展，西域的美食也逐渐进入了中原，走上了大唐百姓的餐桌，而其中的胡饼大受欢迎，更有诗人特地写诗点赞。

八卦果果

5 小时前 来自 唐博 tangbo.com

胡饼太好吃了，我一顿能吃掉一整个。胡饼夹着羊肉，再放上一点儿香料，想想我都流口水。

#唐人爱上西餐　胡饼大受欢迎#

250　1820　5213

吃瓜专业户
50 分钟前 来自 唐博 tangbo.com

胡饼是胡食中最著名的主食，是汉朝的时候从西域传过来的。当时只有贵族才能吃到，一直到了大唐，我们百姓才能吃得上。

唐人爱上西餐　胡饼大受欢迎

121　251　336

机智的糖瓜
34 分钟前 来自 唐博 tangbo.com

虽然吃不惯胡饼，但是偶尔换换口味也是很好的。比起胡饼，我更爱吃的西餐是菠菜。叶片很宽，味道鲜美，当年可是西域向大唐进贡种子，这才传进大唐的。

唐人爱上西餐　胡饼大受欢迎

130　210　520

胡饼在中原大受欢迎
多数百姓爱上西餐

元和十三年（818 年），白居易迎来了人生中的大喜事——他升官了，被任命为忠州（今四川忠县）刺史。

到了忠州，白居易发现当地的胡饼味道很正宗，和长安一家做胡饼的老字号很像。胡饼在当时算是西餐，是从西域传进来的，纯洋货。

看到如此美味的胡饼，白居易就惦记起了自己的老伙伴，便买了一些“快递”给当时在万州做刺史的朋友杨归厚，给老朋友解解馋，并写了一首《寄胡饼与杨万州》：

胡麻饼样学京都，面脆油香新出炉。
寄与饥馋杨大使，尝看得似辅兴无。

胡饼也叫胡麻饼，饼上会放一些芝麻，酥脆可口。当年鉴真东渡，在海上航行时间较长，还特地带了“干胡饼二车”。

胡饼大约是在东汉时期传入中原的，《太平御览》引《后汉书》记载：“灵帝好胡饼，京师贵戚皆竞食胡饼。”到了唐代，随着丝绸之路的开通，很多西域美食也都传进了中原，并大受欢迎。

当胡饼来到中原，遇到了爱吃的唐人，就会碰撞出更多的新花样。聪明的唐人在保留胡饼原有的风味之余，又在饼中加入了肉馅。《唐语林》中记载："时豪家食次，起羊肉一斤，层布于巨胡饼，隔中以椒豉，润以酥，入炉迫之，候肉半熟食之，呼为'古楼子'。"这种古楼子就是肉馅胡饼。

除了胡饼外，许多西域的蔬菜在大唐也是广受欢迎。在丝绸之路的带动下，老百姓餐桌上的食物也丰富起来，不光主食多了，蔬菜水果的种类也多了，比如胡芹、菠菜、黄瓜、胡萝卜、无花果、石榴等。

由此可见，丝绸之路不仅促进了中外经济贸易的交流和发展，更是丰富了百姓的餐桌，提升了唐人的幸福感。

唐　此山《点心图》

食用指南

① 带节奏：网络流行词，指（尤其是竞技游戏中）通过进攻行动设定作战节奏，确立一方优势，推动比赛进行。在社会生活中指故意煽动群众跟风。
② 大神：网络流行词，即神一般的厉害的人物。
③ 顶流：网络流行词，指的是名气高的明星，他们的话题性非常高，连吃饭这种寻常事都可以引起大众的广泛关注。
④ 人设：即人物设定，又称角色设定，是指对人物的特定方面的设计、制定。
⑤ 达人：此处作网络流行词用，指在某方面、某一领域非常专业、精通或出类拔萃的人物，即某方面的高手。
⑥ 应援：指为喜爱的偶像加油打气。
⑦ 王炸：网络流行词，形容那些隐藏到最后，给人重磅消息的事情。
⑧ 黑粉：网络流行词，粉丝类型，他们不是传统意义上的粉丝，而是基于利益对特定明星实施抹黑作业的群体。
⑨ 转、赞、评：微博里的转、赞、评，转就是转发；赞就是点赞；评就是评论，即发表你对帖子的看法。
⑩ 塌房：网络流行词，意思是指喜欢的偶像出现了负面新闻。
⑪ 渣：此处作网络流行词用，指的是对待感情不专一。
⑫ 渣男：指的是对恋情不认真、玩弄对方感情的男人。

⑬ 拿捏：现今流行的“拿捏”一词常和一个简单手势的表情一起使用，其搭配对象几乎无所不包。可以“拿捏”人，表示对某人完全掌握；也可以“拿捏”事，表示将某事彻底搞定。

⑭ 天降紫微星：网络流行词，指之前并不为人所知的艺人，突然因作品爆火或者得奖，而走进大众视野。

⑮ 货币玩家：游戏用语，后来代指很有钱的人。

⑯ 出圈：此处是网络流行词，指某位人物知名度变高，开始进入大众视野。

⑰ 逆风翻盘：网络流行词，其含义为居于劣势、不被看好的一方最后反而强势地反败为胜，是如今网络上常见的励志用语。

⑱ 铁粉：网络流行词，即铁杆粉丝，狂热的追随者。

⑲ 支棱：网络流行语，源于东北话，指某人在经历了低谷后，鼓起勇气，重新站起来。

⑳ 黑化：网络流行词，指人物在性格上或精神状态上的一种转变，大体接近崩溃然后变坏，简单来讲就是切换至阴暗人格。

㉑ 内卷：网络流行词，指同行间竞相付出更多努力以争夺有限资源，从而导致个体“收益努力比”下降的现象。

㉒ 泡吧：现代用词。泡，沉浸，意指待在一个场所、沉浸在一种氛围中。吧，指的是一种场所，比如酒吧、陶吧、书吧等。

后记

大唐的热门事件，不仅仅是八卦，更藏着大唐的风华。那是唐人的世界、唐人的生活，所有细枝末节里都流淌着浓厚的文化基因。它们那样鲜活，似从未远去。

唐风的开放造就了唐文化的绚烂。唐人思想开放，女人能做皇帝；诗人们到处旅行，自由写诗；唐人穿着华丽，吃上了西餐，喝上了洋酒，泡上了酒吧……

大唐，以自信开放的姿态迎接世界，尽情地展示着自身无尽的魅力。

这些都是历史留给每一个华夏子孙的珍贵财产，而记忆和传承是获得这份财产的最佳方式。

所以，我希望以这样一种轻松新颖的写作形式，让你在阅读的时候获得一些小小的快乐，而这些快乐的背面附着一些知识，希望能在你的脑海里或深或浅地留下印记。

在你回归生活的某个瞬间，可能是在聚会上，和朋友八卦时，和孩子、亲人聊天时，情不自禁地分享出某个片段。这本书也就实现了其最大的意义：你快乐地了解了一些历史，又轻松地将它们传播了出去。

如果你还意犹未尽，请关注后续的大宋篇，和我一起穿越到大宋，看一看当时的热门事件，感受宋人滋润的小日子。